立命館宇治中学・高等学校
酒井淳平［著］

究的な
びデザイン

明治図書

高等学校

総合的な探究の時間から
教科横断まで

はじめに

２０２２年度から高等学校でも新学習指導要領が始まり、探究に注目が集まっています。本書は特に次のような先生方をイメージして執筆しました。

・そもそもなぜ今、探究が大事なのかわからない
・探究の重要性はわかっているものの、どのように取り組めばよいのかわからない
・学校全体で探究を進めたいけど難しい
・探究の視点を取り入れて、授業や教師としての在り方改善を図りたい
・中学校や高校での実践事例が知りたい

本書は第1章と第2章が理論編、第3章が実践編になっています。第1章ではなぜ探究が必要なのかについて、これからの社会、探究による生徒や教員の変化なども交えて書きました。第2章では探究に必要な教師の思考について、12の視点で書きました。第3章は教科での授業実践や総合的な探究の時間の実践はもちろん、探究を核とした学校経営や、

中学校の実践、大学の挑戦も紹介しています。実践紹介については、執筆者が所属している組織ではなく、考え方や試行錯誤に焦点が当たることを意識しています。執筆者のその人らしさが伝わればと思います。

執筆者の所属している組織は中学校・高校・大学と多様で、地域も様々です。公立・私立という違いもありますし、若手の担任から校長先生まで、学校での立場も様々です。しかしそれぞれの立場で目の前の生徒を見て、より良い教育、より良い授業を探究しているという点では共通しています。おそらく読者のみなさんは、その他にも執筆者に共通するものがあることに気づかれるのではないでしょうか。

学校はある一つの取り組みから変わっていきます。学習指導要領はどこかの実践が形になったもので、一つの教室の実践が日本の教育を変えていくのです。学校は未来をつくる場所ですが、未来はある教室での先生と生徒の探究からつくられていきます。本書をきっかけとして、読者のみなさんと一緒に未来をつくっていくことができれば幸いです。

本書はどこから読み始めてもよい構成になっています。気になったところから読み始めてください。一緒に探究を探究しましょう。

酒井淳平

目次

第1章

なぜ、「探究」が必要なのか

第2章

「探究的な学び」に必要な教師の思考

第3章

「探究」を引き出す学びのモデル

第1章

なぜ、「探究」が必要なのか

1　そもそも探究とは

今というチャンス

「教員をしていてよかったと思う瞬間はいつ？」と聞くと、多くの先生は「**生徒が自分の枠を越えてどんどん成長していく姿を見た瞬間**」と答えるのではないでしょうか。

今の社会にはいろいろな課題があり、生徒たちもそれを感じて生きています。一方で今の日本は高校生も活躍できる社会です。高校生が起業する、自分の興味あることを深めて最終的に学会などで発表する、自分たちのプロジェクトを地域や企業の大人たちを巻き込んで進めていく…。今こうした高校生は多数います。ほんの数十年前にはほとんどいなかったことを考えると隔世の感があります。私自身、自分が関わっている生徒が学校を飛び出して活躍している姿を見ると、成長して充実した毎日を過ごしていることへの嬉しい思いと同時に、今は高校生もこんなことができるんだな、という社会の変化を感じます。

生徒に限らず、**人は誰もが出会いや原体験で大きく成長します**。やりたいと思えることに出会う体験をしたときや、自分に伴走してくれる人に出会い、やりたいことを形にする体験ができたときは、自分が大きく変わり成長するときです。探究が重視された新学習指導要領が実施され、総合的な探究の時間に名称が変更されたことは、生徒にとっては出会いと原体験のチャンスが確実に増えたともとれます。

そもそも私たち教員も、多くは教育業界でやりたいことがあって教員になっています。比較的自由に取り組みができる総合的な探究の時間は、実は教員にとっても、出会いと原体験のチャンスであり、自分が取り組みたかったことを形にしやすい時間です。

「Now is the chance」。本校でコア探究2期生の生徒たちを中1から高3まで学年主任として持ち上がられた西田透先生が学年スローガンとし、生徒に常に強調されていた言葉です。この言葉こそ探究を考えるにあたって重要な言葉ではないでしょうか。**探究が重視されている今は、生徒にとっても、我々教員にとっても大きなチャンス**なのです。

探究と探究的な学び

2022年度から高等学校でも新しい学習指導要領が始まりました。**今回の学習指導要領では「探究」が最も重視すべきキーワード**になっています。山形大学の野口徹先生によると、学習指導要領の本文において探究という語句が使用された数は、理数探究のように科目名で使われているものを除いて186もあったとのことです。いかに探究という言葉が学習指導要領に多く登場しているのかがわかる数字です。

新学習指導要領では「古典探究」「地理探究」「日本史探究」「世界史探究」という教科内で学ぶ知識を活用する新科目や、「理数探究」「理数探究基礎」という合科目的な新科目が設置されました。さらに総合的な学習の時間が総合的な探究の時間という名称に変わりました。こうした探究重視の流れに、大学入試の変化も加わり、「探究」は高校現場では大切なキーワードになっているのです。

ところで探究とはそもそも何を指すのでしょうか。三省堂大辞林によると「探究」は「物事の真相・価値・在り方などを深く考えて、筋道をたどって明らかにすること」です。

探究には答えや求めるものがはっきり決まっているわけではないものを、自ら明らかにしていくという意味が含まれています。同じ読み方をする言葉に「物事を手に入れるべく探し求める」という意味の「探求」があります。探究と探求はどちらも大事ですが、学習指導要領では「探究」で統一されています。しかし学習指導要領の「探究」には「探求」の意味も含んでいるように思えるところもありますし、学校現場ではどちらも大事にしています。**本書でも今後は「探究」で統一しますが、「探求」も大切ということは忘れないでください。**

学習指導要領では探究における生徒の学習の姿を下のように図示していますが、生徒による課題設定から学習が始まっています。**生徒が自ら課題を設定し、その課題を深く考えて明らかにしていく一連の過程こそが、探究的な学び**なのです。そして学習の姿がサイクルになっていることからもわかるように、探究的な学びはずっと続くのです。

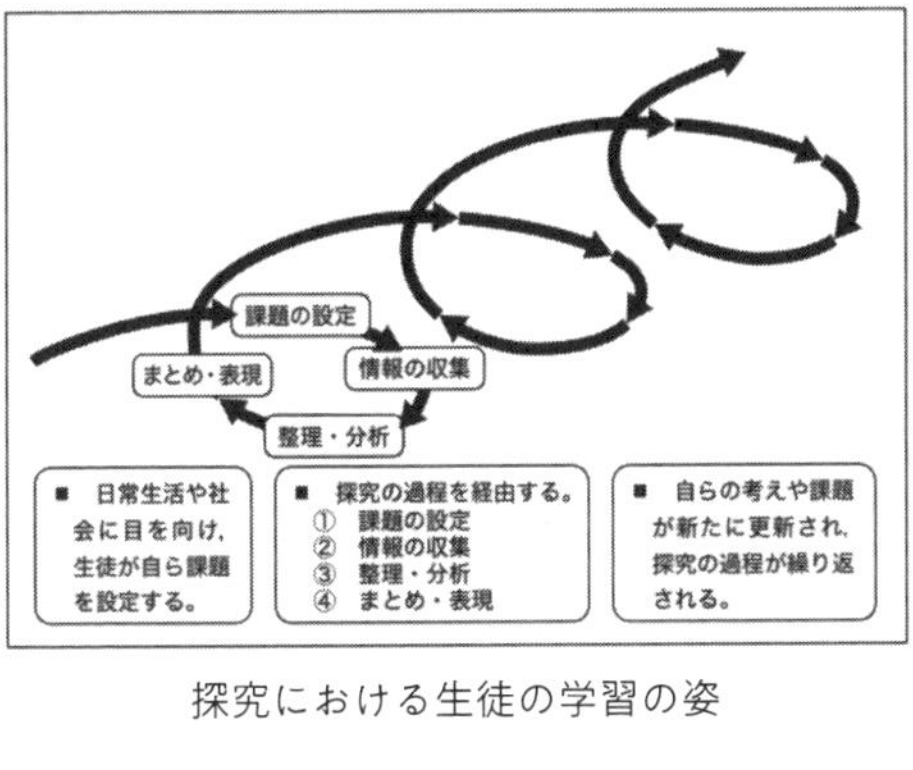

探究における生徒の学習の姿

2 探究を整理する

探究という言葉が含む多様性

探究というときに、教科の中での探究と、総合的な探究の時間での探究はまったく同じではありません。**しかし学校現場で探究という言葉が使われる際に、ここが意識されていないように感じることも少なくありません。**本節で整理したいと思います。

たとえば市川力さんが書かれた『探究する力』という本には、東京を歩くフィールドワークが待ちきれない小学3年生、自分の食卓にある食べ物がどこから来たのかを徹底的につきとめようと朝から市場を調査している小学1、2年生など、探究している子どもたちが多数登場します。例えば、東京コミュニティスクールでの実践です。東京コミュニティスクールでは毎年6つの異なる探究領域についての学習（アメリカのプロジェクトにヒントを得たもので、テーマ学習と言います）を行っています。週に3日、午後の授業時間の大半がこの時間にあてられ、テーマ学習を中心に学びが構成されています。アメリカには学びの中心がプロジェクトである「High Tech High」という高校もあります。これらの学校では、探究が学びの中心であり、生徒は学び方を学びます。そして探究しながら各教科の知識なども獲得していきます。

一方で教科の中での探究や、総合的な探究の時間や課外活動における探究もあります。その事例については本書の3章もご覧ください。学校には同じ「探究」という名のもとに多様な探究的な学びが存在します。**多様な探究的な学びを整理するポイントとして、「どの時間に実施するのか」と「どの程度の時間をかけるのか」の2つ**があります。

時間を切り口に探究を整理する

どの時間に実施するのかについては、「各教科」「総合的な探究の時間や特別活動」「課外活動」の3つが考えられます。

（1）教科での探究

学習の対象や領域がその教科の内容になります。また決められた時間に扱うべき教科の内容があるため、時間の制約があります。しかしそもそも学問は先人の探究の成果の蓄積で、その原動力は好奇心です。**教科を学ぶということは、本来は探究的な学びに取り組むことと同じです**。今後、教科での探究的な学びについても様々な事例が共有されるでしょうが、教科の中での探究的な学びを実現させることこそ、教科で採用されている教員の専門性と言えるのかもしれません。教科での探究はその教科の教員免許を持った教員が指導できます。なお、理数探究や学校設定科目での探究的な学びもここに含まれるのでしょうが、これらは扱う内容の自由度が高く、より多くの時間をかけることができます。

（2）総合的な探究の時間

総合的な探究の時間は、探究的な学び方を学ぶと同時に自己の在り方や生き方を考える時間です。キャリア教育の中核は特別活動であることを考えると、**総合的な探究の時間と特別活動はカリキュラムの中核になる時間です**。各教科のように決まった内容がないので、学校の特色に応じた取り組みが可能で、時間も確保しやすいです。一方で担当者が担任や学年の教員となることも多く、その分野の専門家が指導するとは限りません。

（3）課外活動

生徒が任意に参加するという点が大きな特徴です。そのため参加メンバーは一定のモチベーションをもっています。やりたい人がやるという形なので、ある程度自由に活動でき、時間をかけることもできます。

探究的な学びを整理するにあたって、どの程度の時間をかけるのかは大事なポイントです。教科での探究を考えても、1コマの中での取り組みなのか、数コマ使っての取り組みなのかで扱う内容や生徒の成果物は大きく異なります。総合的な探究の時間でも、その中で数時間かける課題と、1年間通じて取り組む課題とがあるでしょう。

ここまで探究的な学びを整理してきましたが、どれか一つが重要なのではなく、それらすべてが学校の中で機能することが重要です。学習指導要領解説にも「実社会や実生活における課題を探究する総合的な探究の時間と、教科の系統の中で行われる探究の両方が教育課程上にしっかりと位置づき、それぞれが充実することが豊かな教育課程の実現につながります」と書かれています。生徒は様々な場面で探究に取り組むことで成長するのです。

【参考資料】・『未来を拓く「探究」・実践編』（ベネッセコーポレーション）
・市川力『探究する力』（知の探究社）
・全国高校生マイプロジェクトアワード　https://myprojects.jp/

3 なぜ今、探究なのか

探究が新学習指導要領で重視されている背景

1節でも触れましたが、探究が注目されている理由の一つに、学習指導要領改訂があります。ではなぜ、新学習指導要領では探究を重視しているのでしょうか。

新学習指導要領では改訂の経緯の冒頭に、「絶え間ない技術革新により、社会はこれから大きく変化し予測困難」であるとした上で、「生徒一人一人が社会の担い手となること、新たな価値を生み出していくことが期待される」と明記されています。決まったことを習得するのではなく、新たな価値を生み出すことが期待されているというのは、探究や探究的な学びの必要性と大きく関係するところです。

新学習指導要領では、こうしたことを実現するために、教育課程全体を通じて育てる力を３つの柱に整理します。この３つの柱が「知識及び技能」「思考力、判断力、表現力等」「学びに向かう力，人間性等」で、すべての教科等の目標や内容がこの３つの柱で整理されます。ここからも、知識は大事なことの一部に過ぎず、知識をどのように使うのかや、自ら学びを進める力などが重視されていることがわかります。このことを指して「コンテンツベースからコンピテンシーベースへの転換」と言われることもありますが、**世界のほとんどの国でコンピテンシーベースの教育が進められている**ことも忘れてはいけません。探究は日本に限らず世界中で重視されているのです。

一方で日本の子どもたちの現状はどうでしょうか。２０１９年に実施された日本財団「18歳意識調査」第20回では、日本を含む9か国の18歳の調査を実施しています。この調査では日本の18歳の数字の低さが目立ちます。日本の18歳は「自分を大人だと思う」「自分は責任ある社会の一員だと思う」「自分で国や社会を変えられると思う」「将来の夢を持っている」という質問に対して肯定的に答えた割合が最下位でした。日本の18歳は社会的自立や新たな価値を生み出すなどの、求められている姿からかけ離れた状態であることがわかります。

日本の子どもたちは、「自分の国に解決したい社会課題がある」「社会課題について家族や友人など周りの人と積極的に議論している」と答えた割合も最下位で、学校と社会との乖離や自らが社会を創っていくという意識が低いことが読み取れます。2022年に実施された日本財団第46回調査でも「国の将来が良くなる」と答えた割合が最下位、さらに第20回同様に「自分の行動で国や社会を変えられると思う」と答えた割合も最下位でした。目指すところには程遠い現状であることがわかります。また、この調査結果は探究やキャリア教育の重要性も示唆しています。日本の子どもたちに必要なのは、より多くの知識を蓄えることではなく、**将来の夢や目標をもつことであり、自らの行動でより良い社会を創るという、自ら価値を生み出す学び**なのです。

生徒が大人になった時のことまで考える

目の前にいる生徒たちの未来をどこまで考えるのかという時間軸も大事な視点です。生徒たちが高校を卒業するまでだけを考えれば、必要な力として進路の実現があるかもしれません。その際に一般入試での大学進学を考える生徒が多ければ、偏差値など数値化しやすい学力が重要になることは事実です。では、目の前の生徒が卒業したその先まで考えたときに、生徒に育てたい力、生徒が必要とする力とはどのようなものでしょうか。

今から20年以上前の平成11年、中央教育審議会答申で学校教育と職業生活との不連続が指摘され、キャリア教育の必要性が強調されました。この答申から20年が経過し、各学校でのキャリア教育の取り組みは充実してきました。しかし、変化の激しい社会において、キャリア教育の重要性は増すばかりです。このことは新学習指導要領で「キャリア教育の充実」という文言が総則に入ったことからもわかります。

生徒たちが学校を卒業したその先まで考えると、**生徒たちが社会的・職業的に自立し、社会の中で自分の役割を果たしながら、自分らしい生き方を実現するための力**が重要です。これはキャリア教育の目標そのものです。言うまでもありませんが、生徒たちは社会に出るにあたって、「どんな世界で自分の役割を果たすのか」や「自分はどのように生きていきたいのか」を考えることが必要になります。このときに「自己の在り方生き方を考えながら、よりよく課題を発見し解決していくための資質能力の育成」を目標としている総合的な探究の時間が果たす役割は大きいです。

先述した日本財団の調査結果から見える現状に、キャリア教育や総合的な探究の時間の目標を並べてみると、学習指導要領で探究が重視されるのが必然であることがわかります。これからの学校教育で大事なのは、何かを与えて受動的に取り組ませることではなく、生徒の内発的動機を育てることなのです。そして**生徒がサービスを受け取るお客様から、自ら価値を生み出す生産者に成長することが大切**なのです。日々便利になっていく世の中で、生徒は（大人もですが）サービスの受け手のお客様になることが多く、生産者になることは容易なことではありません。しかし生産者になることが、自らの課題設定から始まる探究的な学びや、卒業し生産者になった時の自分を考えるキャリア教育でこそ可能になることは間違いありません。

日本財団の調査結果は探究やキャリア教育の重要性を示しています。今求められているのは、生徒たちが自ら新たな価値を生み出すことであり、生徒が社会の担い手として、よりよい社会を自ら創ろうと思えるような教育なのです。

4 探究的な学びで変わる生徒たち

SSH事業からの知見

2002年度からスーパーサイエンスハイスクール（以降SSHと略記）事業が始まりました。将来の国際的な科学技術関係人材育成を目指して、先進的な理数系教育を実施する高等学校等を指定する取り組みです。SSHに指定された高校では20年以上前から課題研究や探究学習などに積極的に取り組まれていました。近年SSHの成果も明らかになってきています。**SSH指定校では、生徒たちの科学技術に関する学習意欲や未知のことがらに対する興味等が向上し、さらに大学院への進学率も極めて高い**ことが明らかになっています。ここからも探究的な学びによって生徒の学習意欲が高まり、知的好奇心が育つことがわかります。

探究的な学びで生徒が大きく変わるのはSSH指定校に限りません。認定特定非営利活動法人カタリバは、2022年度4月から全国の高校で新学習指導要領に基づいて「総合的な探究の時間」が必修化されることに先立ち、全国で実践型探究学習「全国高校生マイプロジェクト」に取り組んだ高校生1654人を対象に、その経験が自身の将来や志向性にどのような影響を与えるのかに関する調査を実施しました。マイプロジェクトとは、自分でテーマを決めてプロジェクトを実行する探究学習で、「主体性」をもって、つくりたい未来に向けて「アクション」を行っていく、学びのプロセスです。調査の結果、「今回の探究の経験から、自分の将来は自分で切り拓けると思ったか」という設問に対し、全体の約9割が肯定的な回答をしました。また「社会をよりよくするため、社会の問題に関与したいか」という設問に対しても、「とてもそう思う」「そう思う」を合わせた肯定的回答が9割超という結果でした。**探究学習によって生徒たちは自分の将来を切り拓けるという感覚や、よりよい社会を自分でつくっていきたいと思うようになる**ことがわかります。

私自身も探究的な学びで大きく変わった生徒を多数見てきました。たとえばAくんは、探究の時間に地域活性化に取り組んだことをきっかけに、自ら京都北部の魅力を広げるというプロジェクトを立ち上げます。学校の中で自分が輝ける場所や打ち込めることを見つけるのに苦労していたAくんはこれを機に大きく変わります。Aくんは「探究が人生を変えてくれた」という言葉を残して卒業し、大学でも新たな仲間とともに頑張っています。このような生徒は他にも多数います。

探究的な学びで生徒が変わる理由として、学びのオーナーシップが生徒にあることがあげられます。「自分が取り組みたいことで、誰かのためになることだから頑張れる」。きわめて単純なことですが、学びを与えられることが多い学校という場では大きなことかもしれません。そして生徒にとって自分からの発信ということは何かを進めるときの大きな原動力です。**生徒たちは探究的な学びによって自分の可能性に気づき、結果的に社会を変え、次の社会を創っていきます。**まさに生産者として、高校生が社会を創っていくのです。

探究的な学びが日常の学びとつながっていく

自分の課題設定から始まる探究的な学びでは、生徒たちが自分のテーマをもちます。実は自分のテーマによって生徒は社会とつながることができます。

さきほどのAくんはわかりやすい例かもしれません。Aくんは「京都北部の魅力を伝える」という自分のテーマをもつことで、京都北部の方や地域魅力化に取り組んでいる方などいろんな人に出会ってプロジェクトを進めました。

また**探究的な学びを進めることで、生徒たちは教科の学習と総合的な探究の時間のつながりにも気づきます**。たとえばBさんはマイクロプラスチックに興味をもちました。化粧品にもマイクロプラスチックが含まれていることを知ったBさんは、オーガニックな化粧品の開発をしたいと思うようになります。化粧品の開発は法律の壁もあり断念しましたが、企業とコラボしてオーガニックなマスクスプレーを開発し、文化祭で販売します。

Bさんはプロジェクトを振り返って次のような報告を書いています。

私はマイクロプラスチックについて現代社会の授業で詳しく調べていたため知識も多く、このプロジェクトの大きな力になったと思います。また、私はSDGs（本校の学校設定科目）の授業で環境について学んでいるので、そこで学んだこともこのプロジェクトで生かすことができました。

Bさんは教科の学習と自分のプロジェクトのつながりに気づきます。そしてプロジェクトを進めることで、これまで以上に各教科の学びにも興味をもって取り組むことができたとのことでした。そして経営学部への進学を希望するBさんにとって、実際に販売するというのは貴重な経験でした。

こうした例はBさん以外にも多く見られました。はじめに紹介したSSHの取り組みで生徒の学習意欲が高まったというのも、おそらくBさんの例と同じようなことがあったからでしょう。実は先ほど紹介したAくんもプロジェクトに取り組んでから成績は向上しました。

探究的な学びによって生徒たちは社会とつながって大きく成長し、社会を創っていきます。同時に**探究的な学びは日常の学びとつながり、日々の学習にも影響を与え、進路につながることもある**のです。

また、未来の主人公である生徒たちが、学びのオーナーシップが自分にあるということを実感することは何より大事なことかもしれません。

5 探究的な学びに取り組むことで教員も成長する

探究的な学びは教員が取り組みたかったこと

探究的な学びに取り組むことで、教員も成長します。そもそも教員は自分の教科で採用され、自分の専門となる学問をもっています。いろいろな学問がありますが、**先人の探究の成果がその学問の現在地であり、今も探究され続けていることはすべてに共通しています**。高校で探究が重視されるようになり、教科での探究が大事と言われますが、そもそもどの教科にもそのバックボーンとなる学問があり、学問は現在も探究され続けています。こう考えると教科の授業において探究の要素が入るのは自然なことです。またどの先生も「教科の魅力を伝えたい」「教科を通じてこのように生徒を育てたい」という思いをもって授業をしています。教科の魅力は生徒がその教科を探究的に学ぶことで伝わり、その結果育てたかった力が育ちます。「正しい答え・知識を生徒に伝え、生徒がテストで点を取れればよい」と思っている先生はおそらくほとんどいないであろうことを考えると、探究的な学びは多くの教員が取り組みたかったことに他なりません。そして教科で探究的な学びに取り組みたいと思う先生は、教科の授業と総合的な探究をつなごうとし、**その結果教科観や授業観も変化します**。これについては第3章の事例を読んでください。

また総合的な探究の時間などで生徒の探究的な学びに伴走すると、教員自身もいろいろな方に出会うことができます。私自身、生徒のおかげでいろいろな方に出会えました。いろいろな方との出会いは自分の世界を広げてくれ、そうした方たちとのつながりが、その後の生徒への伴走にも生かされます。生徒のおかげで成長できたと思う場面は少なくありません。

教員にとっても探究的な学びは成長のチャンス

探究的な学びに取り組む上で**重要なのはマインドセットであり、探究的な学びに取り組**

む過程で変化するのもマインドセットかもしれない。こんなふうに思うときがあります。

マインドセットは「成長型（グロースマインドセット）」と「固定型（フィックストマインドセット）」の2種類に大別されます。成長型は「自分の能力は努力次第で成長させることができる」という考え方であり、固定型は「能力はもともと決められており変わらない」という考え方です。成長型の人は、ミスをしても事実を受け止め問題解決に取り組みます。しかし、固定型の人はミスから目をそらし、自己防衛する傾向があると言われています。

探究的な学習に限らず、「何もしなければ何も失敗しない（本当は何もしないことが失敗なのですが）」というのは事実です。逆に何かをすると上手くいくことも失敗することも出てきます。探究の取り組みを進めると、生徒や教員が成長しますが、同時にうまくいかない出来事も必ず起こります。こうしたことをわかったうえで、やってみようと一歩踏み出せるかどうか、これは**成長型のマインドセットをもてるかどうかが大きく影響する**ように思います。

人が変わるにはきっかけも重要です。教員にもマインドセットを変えるチャンスや場が必要で、探究的な学びにはその可能性があるということは間違いありません。探究的な学びを学校で組織的に進めるにあたって学校の仕組みづくりなども重要でしょうが、それ以上に**まずは教員が越境して学びあい、失敗も学びだと可能性を信じて取り組むことができる場や環境がいっそう大事**なのでしょう。

探究が重視されている今は教員にとっても成長する大きなチャンスです。自分の教員としての原点を思い出して、生徒と一緒に探究できるこのチャンスを生かして、いろいろな事象に挑戦することを忘れてはいけません。教員がこのようにワクワクすると、おそらく生徒は教員以上にワクワクして教員を越えていくでしょう。そうして未来は創られていくのです。

まとめ

・大切なのは生徒を生産者に育てること。
・探究的な学びは生徒に大きな影響を与える。
・探究は教員にとっても大きなチャンス。

第2章

「探究的な学び」に必要な教師の思考

1 大前提

最も大事なことはHOWではなくWHY

よくある悩み

まず探究の時間に何をするのかを考える

探究型思考

はじめに、なぜ探究の時間に取り組むのかを考える

何をしようかな…。どういう授業にしようかな…。
どうして「探究」に取り組むんだろう？

かつて見た光景

読者のみなさんが、校長室に呼ばれ、「○○先生、いよいよ総合的な探究の時間が始まった。ついては来年度の高1からの実施責任者としてカリキュラムなどを考えてほしい」と言われたとします。みなさんなら、まずは何から始めますか。

同僚や他校の友人に相談する、他校の事例を探すなどという答えが多いでしょうか。おそらくそうすることで、いろんなアイデアが思い浮かぶでしょう。地域活性プロジェクトや企業との連携など新しい学びが見えてくると前向きな気持ちになるかもしれません。

しかし、そこに大きな落とし穴があるのです。10年以上キャリア教育に関わってきた私には、現在の探究をめぐる状況がかつて見た光景のように思えてなりません。

今から10年以上前、キャリア教育がブームのようになりました。その時にキャリア教育の取り組みは一気に全国に広がりましたが、同時に、インターンシップや講演会などのイベントをすればよいという誤解も広がりました。「キャリア教育をしないといけない」という先生が増えたのも事実です。「忙しくてやってる余裕がない」「評価が課題」とよく言われ、教科でのキャリア教育と、学校や学年全体で行われるキャリア教育の取り組みとが混同して語られたこともありました。

「キャリア教育」を「探究」に置き換えると、今まさに同じことが起こっているように思えてなりません。

キャリア教育はブームから10年以上経過し、新学習指導要領では総則にも明記されました。キャリア教育によって生徒が大きく変わった学校は少なくありません。そして、この15年あまりでキャリア教育の取り組みは確実に学校に定着し、今の平均的な取り組みが15年前の最先端ではないかと思える状況があります。

しかし一方で、**キャリア教育を惰性的に取り組まされている学校と、キャリア教育で生徒が成長する学校の差が広がっていることも事実**です。

おそらく探究も同じことが起こるでしょう。探究の取り組みはこれから必ず各学校に広がっていきます。そして残念ながら、探究をやらされる学校と、探究によって生徒が成長する学校の差は生まれるでしょう。その差はどこにあると思いますか？

ＷＨＹの共有が取り組みの成否を決める

ある取り組みを惰性的に行うか、それによって生徒が大きく成長するのかは、「ＷＨＹ」の共有で決まります。かつてキャリア教育が重視されたのは「学校と社会の不連続」という背景からでした。教員なら誰しも生徒の有名大学合格よりも、卒業したその先の充実した人生を願っています。その点で生徒の卒業後までを視野に入れるキャリア教育は、教員の思いと矛盾しないはずです。しかし「なぜキャリア教育なのか」というＷＨＹが忘れられ、「インターンシップ」「大学見学」「講演会」などのＨＯＷばかりを考えてしまった学校は残念ながら少なくなかったのでしょう。

キャリア教育に惰性的に取り組んでいる学校はＷＨＹを忘れている学校です。**探究の成否を決めるのも間違いなくＷＨＹの共有です**。探究のカリキュラムの内容を考える前に、次の３つの質問に答えてみてください。

「なぜ新学習指導要領では探究を重視しているのでしょうか」

「あなたの学校ではなぜ探究に取り組むのでしょうか」

「あなたはなぜ探究に取り組んだ方がいいのだと思いますか」

この問いを自分で考えるだけでなく、チームで考えることができれば、探究学習を推進する大きな力になることは間違いありません。いずれにしてもまず考えることは「HOW」ではなく「WHY」なのです。

お客様から生産者へ

筆者の勤務する立命館宇治中学校・高等学校が、なぜ探究に取り組むようになったのかについて書きたいと思います。

きっかけは2017年1月から議論がスタートしたカリキュラム委員会でした。新しいカリキュラムを考える委員会のメンバーは5人の中堅教員でした。委員会のメンバーは教科も所属する学年も様々でしたが、共通した問題意識をもっていました。それは「まじめで素直だが、受け身」という生徒の実態です。少し前の生徒と比べたときに、言われたことはきっちり取り組む生徒がほとんどになっているし、授業態度も良い。一方で自分から何かに取り組もうという姿があまり見えない。これが委員みんなの共通した思いでした。

のちに実施したアンケートでこれは全教員が共通してもっていた思いだとわかります。

　こうした生徒たちに、より多くの課題などを与えれば、生徒たちはきっちり取り組むかもしれない。でも、それは育てたい生徒像とは違う。こうした考えから、新カリキュラムで育てるべきは生徒の心のエンジンになる部分であり、自ら何かに取り組みそれを広げていく学習。おそらくこれは新学習指導要領に書かれている「探究的な学び」のようなものであり、心のエンジンを育てることができるのは「総合的な探究の時間」ではないか。こうした思いから開発したカリキュラムが「コア探究」でした。「お客様から生産者へ」をキャッチフレーズに、与えてもらうお客様から、自ら価値を産み出す生産者に成長していく3年

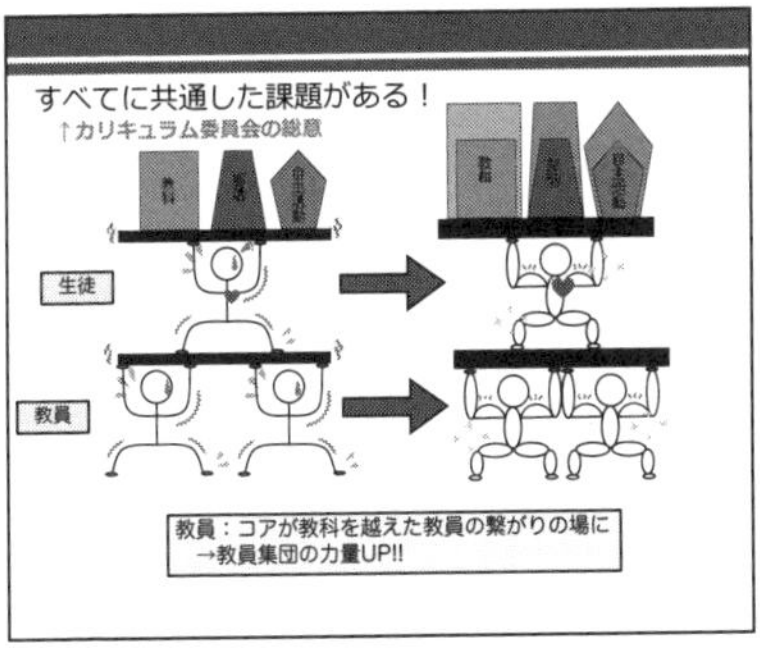
すべてに共通した課題がある！
↑カリキュラム委員会の総意
生徒
教員
教員：コアが教科を越えた教員の繋がりの場に
→教員集団の力量UP!!

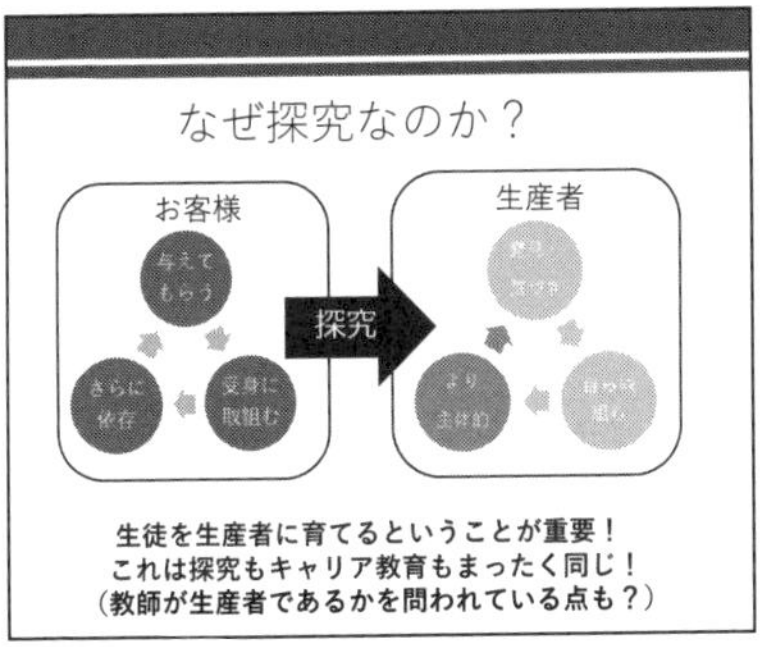
なぜ探究なのか？
お客様
与えてもらう
受身に取組む
さらに依存
探究
生産者
より主体的
生徒を生産者に育てるということが重要！
これは探究もキャリア教育もまったく同じ！
（教師が生産者であるかを問われている点も？）

間のストーリーをカリキュラム化して今に至ります。実は中学校でも同時進行で同様の取り組みが始まっています。また、結果的に研究開発学校やＷＷＬにもつながりました。

ですから、本校においてＨＯＷの基準は「生徒が生産者になれるかどうか」という極めてシンプルなものです。今振り返ってみれば、**カリキュラムをつくったときにＷＨＹが自然と共有されていた**ことが大きかったと思います。

教科も探究も大切なことは共通している

麹町中学校前校長の工藤勇一氏は学校の改革が進まない理由として「上位の目的を達成するという目標が忘れ去られ、何を目的にして行っているかさえ不明な形骸化した教育活動が増えてしまう」ことをあげ、「手段が目的化する」ことを指摘されています。

探究も同じです。なぜ探究を実施するのかという問いの答えは育てたい生徒像という上位の目的に根差したものであることが重要です。なぜ探究なのかは、社会情勢や未来の社会のこともふまえて学習指導要領にも明記されています。しかし学校はここを忘れ、ＨＯＷばかりを考えがちです。ＨＯＷばかりを考えると、取り組みをすることが目的になります。**探究も、探究をすることが目的になってしまうと、形骸化した教育活動だけが増えてしまいかねません**。だからこそ、まずはＷＨＹが大事なのです。ＨＯＷではなくＷＨＹ。これはＨＯＷに流されやすい学校だからこそ、大切にするべきことです。これは、教科における探究でも同じことが言えるでしょう。キャリア教育の元祖とも言われる「ドリカムプラン」を実践された福岡県立城南高校の元校長和田美千代先生は「ＷＨＹがしっかりすればＨＯＷはついてくる」と言われています。改めて考えてみましょう。

「あなたはなぜ探究に取り組むのですか？」

「あなたの学校ではなぜ探究に取り組むのですか？」

Point!!

- ＨＯＷではなくＷＨＹを大切にする。
- なぜ探究に取り組むのかを同僚と話す。
- 育てたい生徒像を考えることから始める。

逆向き設計で個に応じて進められる仕組みをつくっていく

よくある悩み

生徒の個人差が大きい

探究型思考

最低ラインは低めにし、深めたい生徒がどんどん深められる仕組みをつくる

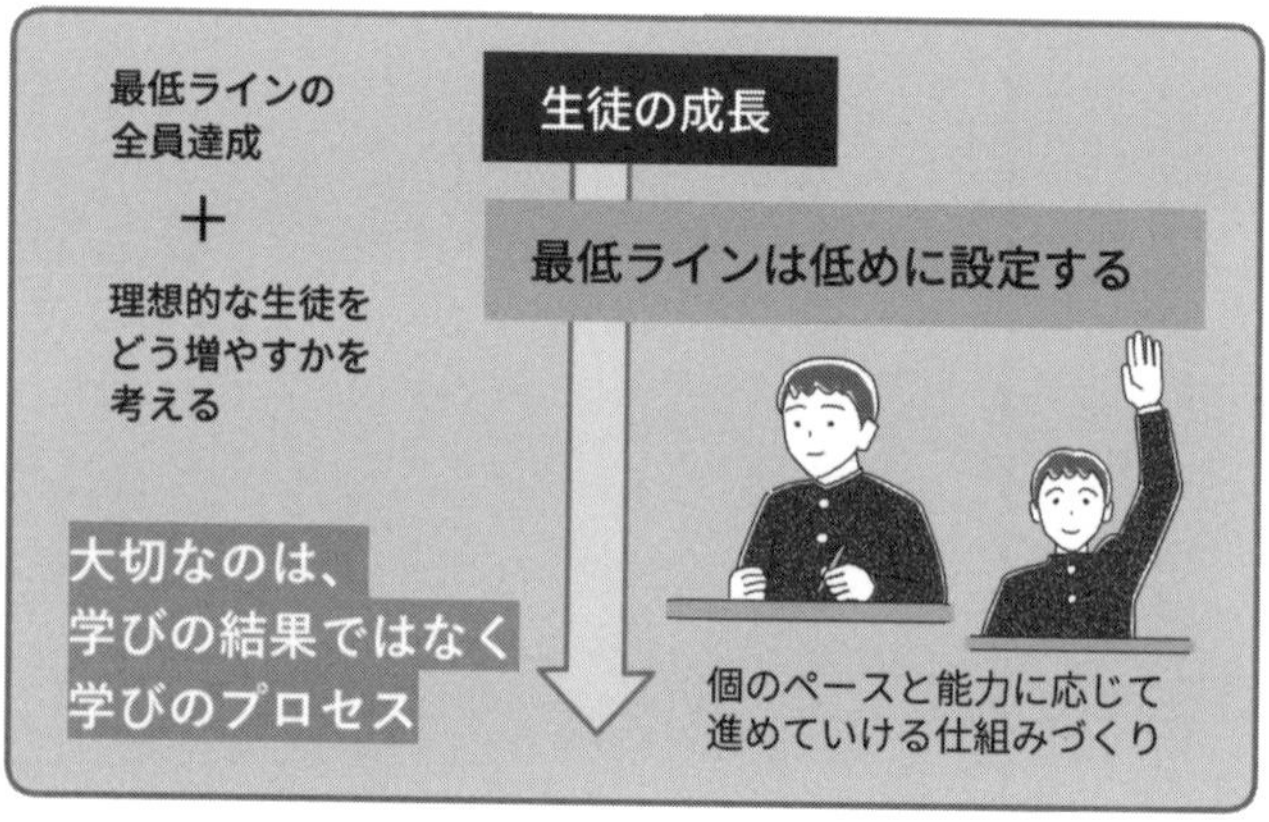
最低ラインの
全員達成
＋
理想的な生徒を
どう増やすかを
考える
生徒の成長
最低ラインは低めに設定する
大切なのは、
学びの結果ではなく
学びのプロセス
個のペースと能力に応じて
進めていける仕組みづくり

カリキュラムは逆向きに設計する

ＷＨＹが固まったらいよいよカリキュラムを策定することになります。その際にまず意識するべきことは、成果物を何にするのかです。ＷＨＹが固まれば育てたい資質能力も焦点化されていることでしょう。同時に探究の時間のコマ数も決まっているはずです。育てたい力とコマ数を考えると、実現可能な成果物も決まってきます。

たとえば、大学に進学する生徒が多い学校でアカデミックレディネスという観点から、論文を書く力を育てたいと考えたとします。このときは論文を書くために必要な基本的な知識はもちろんのこと、興味関心から問いを立てる力、先行研究を調査する力、自分の主張を論理的に組み立てる力などを育てることを意識して授業をつくると思います。

ここで何時間使えるのかということも大切です。学校にもよりますが、たとえば10時間使えるなら、自らの興味関心から問いを立て、ミニ論文を書けるかもしれません。「何らかの論文コンクールに応募しよう！」という単元設定も可能かもしれません。

しかし先行研究をしっかり調査して、オリジナルな視点を入れた５０００文字程度の論文を完成させようとするなら、10時間では難しいでしょう。宿題にもできますが、総合的な探究の時間に多くの宿題を与えるのはあまりよくないと個人的には思います。

このように、**なぜ探究をするのか↓育てたい資質能力は何か↓成果物をどうするのか↓何時間使えるのか、と逆向きに設計する**と、カリキュラムは完成していきます。

大人の本気を題材に基礎的な探究スキルを学ぶ

私たち教員はどうしても基礎↓応用という流れを意識してしまいます。たしかに応用的なことに取り組む際に基礎は重要です。探究的な学びにも基礎的なスキルはあり、ある程度の基礎が身についていることで、その後の探究学習がより進むことは間違いありません。しかしここに落とし穴があります。それは基礎を固めてから応用をするというカリキュラムにしてしまうことです。

たとえばテニススクールに入ったとイメージしてください。テニスの試合をするためには、基礎が必要です。高いレベルで勝とうと思えば、高いレベルでの基礎が土台として必須になります。しかし学び手の立場に立ったらどうでしょうか。

テニスを習いに行って、基礎が必要だからという理由で、素振りや走りこみなどの基礎にばかり取り組んでいると、多くの人は基礎を学ぶ意味が見出せず、テニスへのモチベーションが下がってしまいます。しかし、基礎を学びながらも、試合で基礎を使う時間が確保されていたらどうでしょう。単純に試合は楽しいでしょうし、試合をすることで自分がこれから身につけなければならない基礎が何かを自覚できます。また基礎的な技術は試合で使うことで、より定着します。**基礎は使いながら学ぶことが大切**なのです。

探究的な学びでも同じです。そして基礎的なスキルを使いながら学ぶためには本物の課題が重要になってきます。

本校では高校1年生の総合的な探究の時間は基礎を学ぶ学年と位置づけています。その際に意識しているのは「大人が本気で取り組んだ教材を使って基礎を学ぶこと」と「学んだ基礎を活用する場面を設定すること」です。

大人が本気で取り組んだ教材を使って基礎を学ぶという点では、鹿島建設の「１００年を創造するチカラ」を活用しています。この教材では大人たちが本気で取り組んだ街づくりなどを題材に探究の基礎スキルが学べます。学校の隣にある「宇治市植物公園の魅力化を考える」という単元も設定して「学んだ基礎スキルを活用する」場面を確保していま

【参考資料】未来の社会を考える探究型プログラム https://www.career-program.ne.jp/kajima/（鹿島建設）

す。他に特別活動でも、文化祭のクラス企画を考える際に、総合的な探究の時間に学んだ基礎スキルを活用する時間を確保しています。**基礎を学んでから活用するのではなく、基礎は活用しながら学んでいくという考え方は非常に重要な視点**です。

最低ラインは高くしない

総合的な探究の時間の組み立てを考える際に、先進的な取り組みをしていると言われている学校を調査することで多くのヒントを得ることができます。また様々なコンテストを見ることで、高校生の到達レベルについてのイメージをもつことができます。

しかしここにも落とし穴があります。それは全生徒への目標を高くしすぎてしまうことです。

教科での授業をする際に、当然目標設定はします。そして当然ですが、全員に到達してほしいレベルと理想的な状態は違います。わかりやすく評定でたとえるならば、5のレベルと2や3のレベルの違いといえるかもしれません。2や3は決して私たちの目標としているところではないけれど、最低ラインはクリアしているため単位は認定します。

総合的な探究の時間について考えます。たとえばマイプロジェクトアワードや論文コンクールなどの全国大会（コンクール）で上位入賞する生徒は素晴らしい探究的な学びをしています。そのまま大学の卒業論文になるような作品を仕上げたり、自らのプロジェクトで社会を変えたりしています。それは理想であり、目標にしたくなるところです。

しかし限られた時間にすべての生徒がそこまで到達できるでしょうか。私たちはこの視点を忘れてはいけません。もちろん時間が無限にあり、いつでも指導助言できるような体制があれば、どんな生徒も高いレベルの学びができます。**しかし時間は有限で生徒が時間をかけたいことも様々です。スタッフにも限りがあります。**この現実を考えたときに、文句なしに評定5となるような素晴らしい学びをする生徒はモデルであり、一人でも多くの生徒にそのレベルに到達してほしいけど、それを全生徒が到達しなければいけないレベルとするのはお互いにとって良くないのです。これは普段の授業と共通している部分があるようにも思います。大切なことは、**全員必須の最低ライン**（評定でいえば２や３のレベル）**は高くしすぎず、より高いレベルのことに取り組みたい生徒がどんどん学習を進めていけるような仕組みづくり**なのです。これについては、ついつい口にする「せねばならない」を「できたらいいな」に変えるだけで大きく変わるかもしれません。

たとえば本校の場合、高3では最終成果物の一つとして、「８０００文字論文」や「プロジェクト等の実施と３０００文字以上の報告書」があります。２０２１年度はテレビ東京主催の「CHANGE MAKER U-18　未来を変える高校生　日本一決定戦」で日本一に輝いた生徒がいます。また「Japan Challenge Gate 2022 ～全国ビジネスプランコンテスト～」で「経済産業大臣賞」を受賞した生徒もいます。これらの生徒たちは探究的な学びを通じて大きく成長しましたし、こうした例は理想かもしれません。しかし全員がこのレベルではないのです。

一方、本校で最低ラインとして提示した、成果物をしっかり完成して提出することは全員が到達しています。授業の打ち合わせでも最低ラインに全員を到達させつつ、理想的だと思える生徒の割合をどう増やすのかが大切であることを常に確認してきました。これをどう実現するかが私たちの腕の見せどころなのではないでしょうか。

２つの成果を意識する

総合的な探究の時間の成果については常に２つの側面を考える必要があります。１つは生徒の成果物です。たとえば素晴らしい論文を仕上げた、学校外からも注目されるようなプロジェクトを進めたなどがそれにあたります。この成果はある意味わかりやすく無視できませんが、２つ目としてもっと大切な成果があることを忘れてはいけません。

２つ目のもっと大切な成果は、学習を通じての生徒の成長です。

たとえば論文に取り組んだある生徒は「強いチームに必要なこと」をテーマにしていました。部活動での全国大会出場を目指して頑張っていたこの生徒ですが、論文だけを見ればちょっと立派な調べ学習レベルだったかもしれません。しかし自己中心的で勝てないことをまわりのせいにしがちだったこの生徒は、「強いチームに必要なこと」というテーマについて学びを深める中で、自分に足りなかったことに気づいていきます。そして（自己中心的ではなく）チーム全体のために動くことが増えていきました。顧問もその変化に気づいていました。彼は「強いチームに必要なのは、環境とか練習メニューではなく覚悟だとわかった。いつもまわりの責任にしていた自分にはその覚悟が足りなかった」と言って卒業していきます。この生徒は探究の時間の学びを通じて大切なことに気づいたのです。

このような**生徒の成長という成果については、生徒に伴走している私たちにしか見取ることができません。**そして成果物にばかり目が行くと、ここを見落としてしまう危険性があります。しかし、総合的な探究の時間の意義は、成果物の良し悪しではなく、生徒が自分なりに課題を設定してそれを深める学習を体験し、学習を通じて成長するかどうかで決まります。**大切なのは学びの結果ではなく学びのプロセスなのです。**

生徒の成長や学びのプロセスが大切ということを考えたときに、出会いと原体験が大切です。生徒は自分のテーマをもつことで、その世界の方と出会いやすくなります。また特にプロジェクトでは原体験ともいえる、人生に影響を与えるような経験をすることもあるでしょう。

今世紀に入ってからキャリア教育の大切さが各学校の共通認識となり、多くの中学校や高校で職場体験やインターンシップが実施されるようになりました。そのことで生徒が成長することも様々な調査で明らかになってきていますが、このことは生徒にとって大人との出会いや仕事をするという体験がいかに重要かを示しています。**マイテーマで社会とつながることができる総合的な探究の時間に出会いと原体験が加われば、生徒はより成長する**でしょう。

ポイント！

- 「～しなければいけない」ではなく「～できたらいいな」と考える。
- 最低ラインは低めに設定し、それを越える生徒を多く育てる。
- 成果物の成果だけでなく、過程における生徒の成長を大切にする。

生徒のマイテーマを育てる視点を大切に

よくある悩み

生徒が社会課題やSDGsに興味を示さず、やらされ探究になっている

探究型思考

生徒が自分事となるテーマを探すことをキャリア教育に位置づける

教師は生徒のマイテーマ探しに伴走する
「やらされ探究」から「生徒が決める」探究へ

総合的な探究の時間という生き方を考えるチャンス

生徒に社会課題やSDGsからテーマを選ばせる形で探究的な学びを進める学校は多いかもしれません。それは探究的な学びを体験するという点で悪いとは思いません。しかし生徒が与えられたものに対して受け身に取り組む学習になりやすいという欠点があります。

ある方が地域活性化に取り組んだ高校生の学びに伴走した後、こんなことを言われていました。

「高校生が学校の授業の一環として地域が活性化する提案を考えた。自分は高校生のヒアリングに協力し、発表への助言もした。たしかに高校生としてはよく調べているし、提案もよく考えたと思う。でもどうしても引っ掛かったことがある。それは生徒からその提案を自分たちが実行したいという思いが伝わってこなかったこと。本当に地域を変えるのは、きれいな提案よりも、本気の思いなんだけど、そのことを生徒たちは感じてくれたかなあ」

ＳＮＳでの投稿なので、あくまでもその方個人の体験にすぎないのですが、多くの方の反応があったことからも、こうしたことはよくある事例なのかもしれません。学校は評論家ではなく、社会を創る人を育てる場です。**しかし決められた選択肢からテーマを選ぶ形の探究的な学びでは、評論家を育てるのが精いっぱいかもしれません。**

大船渡高校や盛岡第一高校で探究的な学びを推進され、現在は岩手県教育委員会の梨子田先生は、「タッチパネル探究はやめよう」ということを言われ、生徒たちが興味をもっていることを探究する大切さを強調されています。私も同じ意見です。総合的な探究の時間は「自己の在り方生き方を考えながら、よりよく課題を発見し解決していくための資質能力の育成」をねらいとしています。だからこそ生徒が興味をもって深めたいと思っている**マイテーマでの探究的な学びこそが重要**なのです。

高校で大切なことの一つとして、生徒が自分の将来を考え、進路を決めるということがあります。高校卒業後に大学に進学する場合は学部を決めないといけませんし、学部によって学ぶ内容は大きく変わります。専門学校に進学するなら自分の専門を決める必要があり、就職なら就職先を決める必要があります。生徒はどのような進路に進むにせよ、自分がどのようなことをテーマとして学びたいのか（生きていきたいのか）を決める必要があるのです。

つまり**マイテーマを考えることは多様な進路を考える必要がある高校生にこそ重要**なのです。もちろんマイテーマを考えることはキャリア教育として取り組まれるものですが、総合的な探究の時間でもできるということを忘れてはいけません。総合的な探究の時間があることによって、生徒のマイテーマ探しの支援はより充実します。探究的な学びの出発点として**SDGsや地域課題からテーマを選ばせる形から始める場合は、その学習を通じて生徒がもっと深めたいマイテーマに出会うことを意識しているかどうかが大きなポイント**になるのです。

マイテーマは育てていくもの

「探究的な学びを通して生徒がマイテーマに出会い深める点を意識する」と言うと、必ず質問があります。それは「どうすれば探究学習がマイテーマや進路につながるのか」と「生徒がマイテーマを設定することができない」という２つです。

この背景には「探究学習とマイテーマをつなげないといけない」「探究を通じて自分が生涯取り組むマイテーマを見つけなければいけない」という思いがあるように思えてなり

ません。しかしマイテーマに出会うのはそんなに簡単なことでしょうか。

たとえば大学に進学したい生徒が何となくK-POPに興味をもっていて、それをテーマとして探究的な学習（仮に論文執筆とします）を進めたいと言ったとします。

この段階で「K-POPがマイテーマになるのか?」「K-POPが進路とつながるのか?」と聞かれたら、その答えは間違いなく「NO」でしょう。しかし入り口がK-POPだったとしても、探究的な学びを深めることで、生徒はK-POPについて自分の興味関心に沿いながらより深めることができます。もしかしたらこの生徒はK-POPの音楽的な部分を過去にヒットした曲と比較したり、K-POPの歌詞（の日本語訳）に注目して文学的に分析するかもしれません。K-POPのプロモーションや市場など経営的なことに注目するかもしれません。

このように**入り口が身近なものであっても、それをどの切り口で深めたいと思うのかは生徒によって異なります**。探究的な学びはテーマに対する深め方を考えるチャンスになり、結果的に生徒がK-POPと進学したい学部など自分の将来とをつなげることは十分にあり得ることです。

ここで注意しないといけないことがあります。マイテーマにはいつどこで出会うかわからないし、これだと思って大学に進学してもそのテーマが変わることは少なくないということです。

だからマイテーマを一度決めたらそれを変えてはいけないという考えはもたない方がいいのです。大人もマイテーマは少しずつ変わっていきます。**マイテーマはあるとき出会って固定されるものではなく、その都度自分の思いにあわせて設定し、少しずつ育てていくものな**のです。大事なことは節目でその時の自分が最大限考えた結果としてマイテーマを設定することです。

「マイテーマに出会わなければいけない」という発想にも注意が必要かもしれません。もちろん、探究活動を通じてマイテーマに出会えればいいとは思います。卒業生にも、探究の授業でマイテーマに出会い、大学でもその活動をより発展させている生徒は多数います。大学入学時にマイテーマをもっていることが、大学という可能性が大きく広がる環境での成長につながることも事実です。しかし**「こうなればいいなあ」と「こうならないといけない」は違います**。「こうならないといけない」という発想が「テーマを変えてはいけない」につながるのかもしれません。

テーマ設定ということについて本校の例を紹介します。本校の高校２年生の総合的な探究の時間では課題設定力を高めることをテーマとしています。高校3年生で1年間かけて取り組むテーマに出会うため、高校2年生の授業では、「好きなことを論文にまとめる」「進路探究をする」「チョコプロを実施する」という3つのことに取り組みます。それぞれの学びでマイテーマを設定し、それらをもとにして次年度のテーマを設定するという取り組みをしています。マイテーマの設定も練習が必要であるということ、様々な形でテーマ設定を練習したほうがマイテーマに出会う確率が高くなるだろうという仮説からです。一人でも多くの生徒がマイテーマだと確信をもったテーマ設定ができればと思っています。

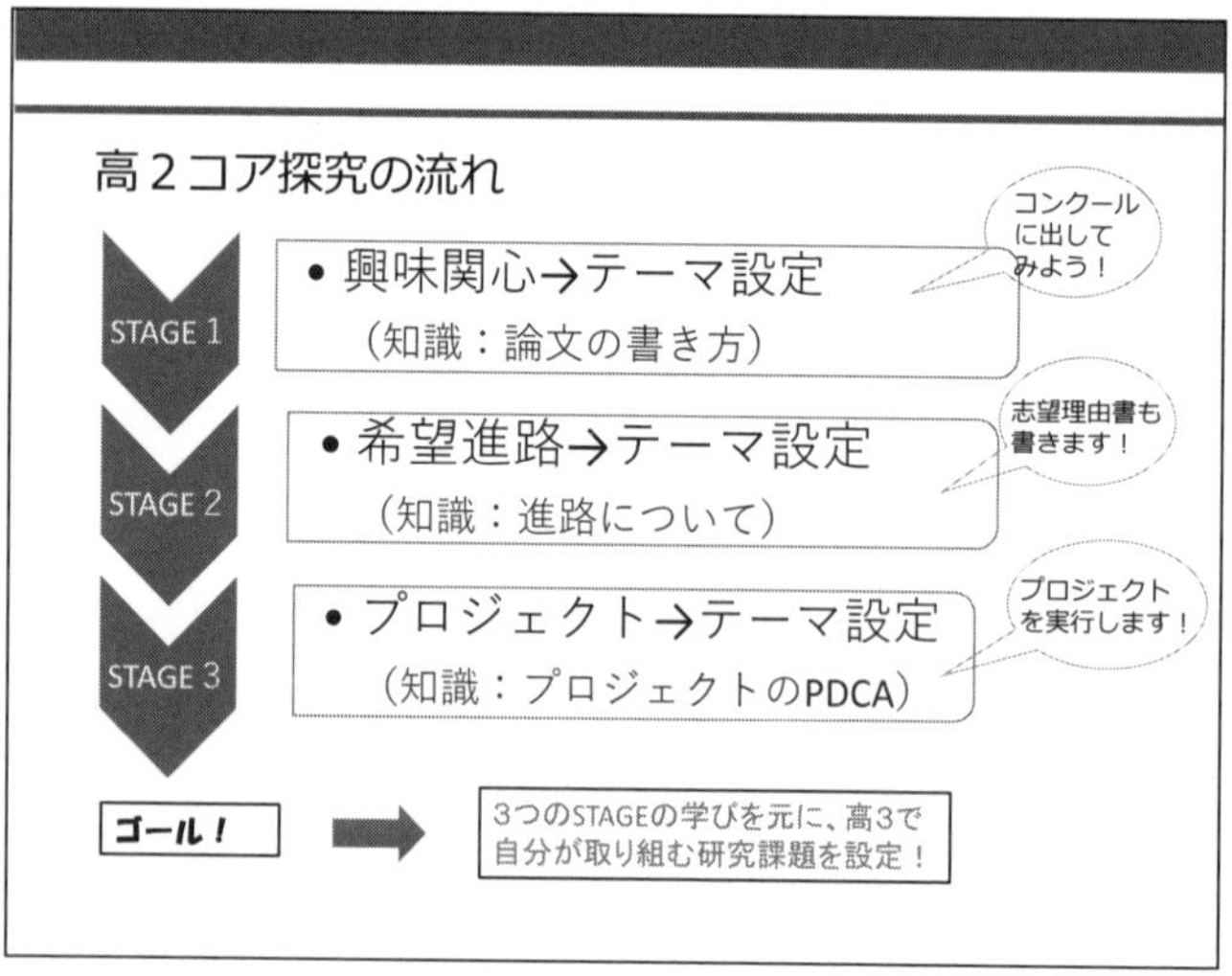

高２コア探究の流れ
STAGE 1
• 興味関心→テーマ設定
（知識：論文の書き方）
コンクールに出してみよう！
STAGE 2
• 希望進路→テーマ設定
（知識：進路について）
志望理由書も書きます！
STAGE 3
• プロジェクト→テーマ設定
（知識：プロジェクトのPDCA）
プロジェクトを実行します！
ゴール！
3つのSTAGEの学びを元に、高3で自分が取り組む研究課題を設定！

たしかに課題設定やマイテーマとの出会いが簡単なことではないのも事実です。ただ自分が好きで思いっきり探究したいことを考えることや、自分の将来を考えることは、本来ワクワクすることだと思います。ワクワクすることを考えるときに、「～せねばならない」という義務感で考えるのはもったいないと思いませんか。**「～せねばならない」ではなく、「～できたらいいな」で生徒のマイテーマ探しの伴走ができれば**と思います。

ポイント！

・大切なのは生徒がマイテーマに出会うこと。
・テーマ設定は簡単なことではない！
・テーマ設定はキャリア教育につながり、本来はワクワクするもの。

【参考資料】探究活動でもっともこだわるべきマイテーマ・マイプロジェクト（学びの場.com）
https://www.manabinoba.com/tsurezure/020395.html

調べ学習から さらに新たな課題へ

よくある悩み

情報収集から考察・まとめに進むと単なる調べ学習になってしまう

探究型思考

情報収集で調べ学習をすることで課題を見つける

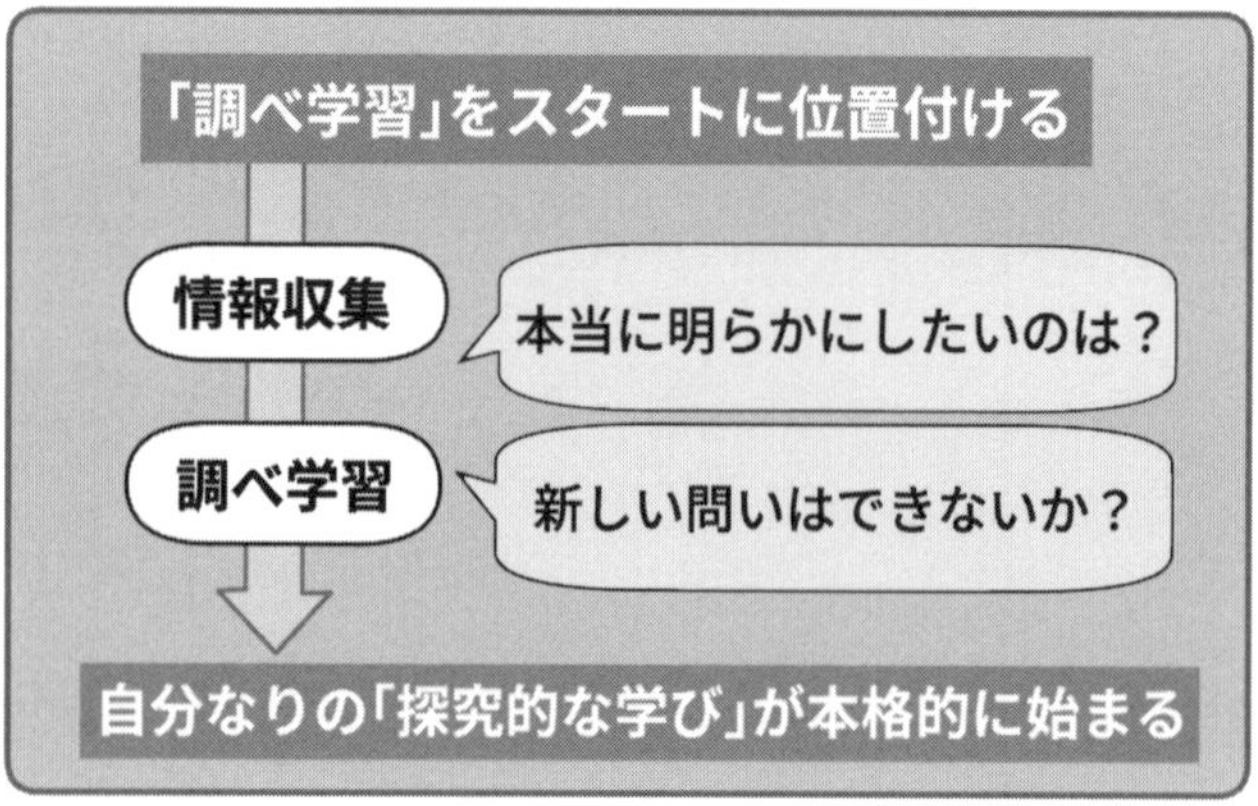

「調べ学習」をスタートに位置付ける
情報収集
本当に明らかにしたいのは？
調べ学習
新しい問いはできないか？
自分なりの「探究的な学び」が本格的に始まる

調べ学習をすることで課題を見つける

探究的な学びを進めるサイクルは、①課題の設定、②情報の収集、③整理・分析、④まとめ・表現です。ところが、このサイクル通り進めると、単なる調べ学習になることが少なくありません。

たとえばSDGsからどれか一つ選び（たとえば貧困をなくそう）課題を設定します。そして本やインターネットなどの調査から、様々な情報を集めます。貧困率、貧困の地域格差、貧困による教育格差や医療格差、ジェンダーの問題、いろいろなことがわかるでしょう。集めた情報を整理・分析し、何らかの提案をまとめて、発表する。これは確かに探究サイクル通り学習を進めています。しかし出てきた結論は調べればすぐわかることばかり。これでは調べ学習と言われても仕方ありません。どこに問題があるのでしょうか。**ポイントは、探究サイクルはサイクルなので一度で終わらないということ**です。これが意外と忘れられがちです。この例の場合、調べ学習によって探究の入り口に立てたのです。

貧困について探究サイクルに従って進めていくと、いろいろな情報が集まります。ここで「自分が本当に明らかにしたいのは何だろう」「集まった情報をもとに新たな問いが立てられないだろうか」という2つの質問の答えを考えることで、調べ学習は探究的な学びになるのです。

たとえば経済的なことに目を向けます。貧困地域では子どもへの教育も行き届かず経済発展ができないので、その結果貧困の連鎖が起こると言われます。ここまでは調べ学習ですが「貧困の連鎖を止めるにはどうすればいいか」という問いから探究的な学びを進めていけば、自分なりの視点で何かを考えたり実行したりできるのではないでしょうか。ジェンダーに目を向けて探究的な学びを進めることも可能でしょう。大事なことは、探究サイクルを1周して調べ学習を終えた次のサイクルで探究的な学びが始まるということなのです。**調べ学習はスタートであり、課題設定の前段階として興味があるテーマについて調べ学習を行うことは有効**なのです。自分で決めたテーマについて、興味の赴くままに調べていると、必ず新たな疑問が出てきます。そこから探究的な学びが本格的に始まるのです。

知識は必要だが、知識を得るプロセスはもっと重要

あるテーマについての知識がないと、課題も問いも生まれません。このように探究的な学びを進めていく上で知識は必要です。しかしどのようにして知識を得たのかということはもっと重要です。

インターネットだけでも知識は獲得できますが、その情報が正しいかどうかはわかりません。その点で、本や論文を調べることは重要です。フィールドワークをすると知っていた知識が単なる言葉でなく自分の実感として獲得できます。

探究的な学びはプロセスも非常に重要です。知識をどのように得るのかはまさにプロセスです。インターネットだけなど机の上だけでなく、実際の出会いなどを通して得る知識が重要なのです。そこでの出会いが結果的に進路や人生に影響を与えることも少なくないでしょう。

ポイント！

- 調べ学習によって探究の入り口に立てる！
- 知識を得るプロセスは重要。鍵は出会いと原体験。

発表会はゴールではなく大切なプロセス

よくある悩み

生徒の学びのゴールとして発表会を開催したいが準備が大変

探究型思考

発表会をブラッシュアップの機会とし、準備は最小限にする

発表やプレゼンをゴールにせず、
確実なフィードバックでブラッシュアップの機会に
※発表会は目的をふまえ、シンプルに構成する

発表会の開催は何のため？

探究的な学びの集大成として発表会を開催する学校は多いかもしれません。学校外の方にも見に来てもらえるようにして、いいところを見せるために会場を念入りに準備して何度もリハーサル。発表会に向けての会議を何度も開催し、とにかく失敗しないように準備。発表会当日、生徒たちは自分の発表に夢中で、他の生徒の発表はあまり聞いていないものの発表は成功。そして高揚感や疲労感とともに発表会は終了。コロナ禍で学校外の方が参加するハードルは上がりましたが、こんな学校は少なくないように思います。

しかし、このような発表会には教員の負担が大きいこと以外にも大きな問題があるように思います。それは発表会で生徒の探究が終わってしまうということです。

そもそも発表会をするのは何のためでしょうか。生徒のいいところを見せるためでしょうか。自分たちの教育のよさを発信するためでしょうか。おそらくこれらは、発表会の結果として起こることかもしれませんが、目的ではありません。**発表会は、生徒に次のステップに進むきっかけを与える場**であり、一定の**緊張感をもって自分たちの学びを発表する**

場づくりのために実施するものです。今改めてこの原点に戻る必要があるように思います。

外から来ていただくときにはおもてなしも必要なので、普段と違う準備がされることはあると思います。そして生徒に持っている力を発揮してほしいという思いからリハーサルをするかもしれません。しかしそれらは最優先ですることではないのです。

最も考えるべきは「発表会を生徒が次のステップに進むための場にする」ということです。このことを最優先に考えると、念入りすぎるリハーサルやよく見せるための過剰な演出や準備は不要だということに気づきます。実はこの発想は働き方改革にも通じます。

コストパフォーマンスを実例から考える

本校での2つの事例を紹介します。1つ目の発表会では、特別な教室に生徒の作品を大きなポスターにして掲示し、ポスターセッションを行いました。ポスター掲示するにあたっては細やかな準備がされていました。教員も多数動員され、教室のレイアウトもすべて変更。資料はカラーコピーの冊子が用意され、発表リハーサルも念入りに行われました。生徒たちは自分たちの素晴らしい学習の成果を見せようと頑張りました。

２つ目の発表会は通常の授業と同じような形で開催されました。教室のレイアウトは普段通り、資料は最小限、教員も特別な業務はほぼ生じませんでした。リハーサルもその前の授業を使って少しされた程度でした。発表してフィードバックをもらい今後につなげること、他の人の発表をしっかり聞くことが大事ということが強調されていました。

この２つの発表会は１つ目がお祭り、２つ目が日常生活と言えるかもしれません。もちろん見栄えがいいのは１つ目でしょう。ただ、教員の労働時間は圧倒的に１つ目のほうが多かったのも事実です。

そして実は、他の生徒の発表を聞く姿勢が良く、生徒がもらったフィードバックを大切にしたのは、２つ目だったのです。おそらく１つ目の発表会はお祭りのように動く中で、生徒の中でも「いい発表を見せる」ことが目的になってしまったのかもしれません。もちろん来てくださった方へのもてなしや、見栄えをよくすることを否定はしませんが、私たちは貴重な時間をどこまでそうしたことに割く必要があるのでしょうか。何より生徒たちは発表会の意味をどのように感じているのでしょうか。本校の事例を考えても、**今必要なことは発表会をブラッシュアップの機会とし、最小限の準備にすること、その代わりに発表会の意義を生徒に伝えること**であるように思えてなりません。

受賞を目的にすることも、よくある手段の目的化

探究的な学びは学校外にも発表の場があります。そしてその多くはコンテスト形式になっていて、○○賞や全国大会出場などのわかりやすい結果が伴うことも少なくありません。そして受賞が大学入試のアピール材料になり、自分の進路の可能性を広げることもあります。しかし、だからこそ受賞を目的にするというのは危険なのです。

そもそもマイテーマに本気で取り組んでいる生徒は受賞を目標にしません。たとえばマイプロジェクトアワードで表彰されるようなプロジェクトを進めた生徒たちは、それを機に自分のプロジェクトをより進めます。もし彼らが受賞を目標にしていれば、受賞した瞬間にプロジェクトは終わるでしょう。本校でも昨年度大きな賞をもらった生徒がいましたが、生徒たちは受賞を機に仲間を増やし、自分たちのプロジェクトをより進めました。

もちろん教員として生徒が対外的な場で受賞してくれることはうれしいですし、そのことで探究的な学びの良さがわかってもらえる場合があることも事実です。対外的な場での受賞が生徒の学びをより進めることも事実です。

しかし**受賞を目的としてしまうと、学びが深まったのか、マイテーマに出会えたかなどの学びの質よりも、受賞できたかどうかという結果を重視してしまいます**。生徒に受賞させたいという思いから、教員が介入しすぎて、生徒の作品を教員の作品にしてしまったり、必要以上に指導に時間をかけてしまったりするかもしれません。「大事なのは生徒の学びである」ということを改めて確認する必要があります。

見栄えを重視する発表会の開催や、受賞を目的とする探究的な学びには実は手段の目的化という共通点があるのかもしれません。そしてこれは教員の労働時間も増やします。

何のために発表会をするのか、そもそもなぜ探究的な学びを大切にするのか、発表・まとめのときに、改めてこの問いを考えることが大事なのかもしれません。

ポイント！

・発表会はゴールではなく、大切なプロセス。
・何のための発表会なのかを忘れず、準備は最小限にする。
・受賞を目標にするのは手段の目的化である。

ふりかえりは未来のために行う

よくある悩み

ふりかえりが反省会になり、未来につながらない

探究型思考

経験から学び、未来につなぐふりかえりをする

「振り返り」とは？

× できなかったことを反省すること

○ 次につながるように課題を確認すること

①どんな経験をしたか
②経験から何を学んだか
③どんな教訓や法則を見つけたか
④次のアクションをどうするか

ふりかえりは反省ではない

探究的な学びの最後にふりかえりをすることが多いです。そもそも学校では大きな行事のあとや定期テスト後、学年末など節目にふりかえりをすることはよくあります。しかし同時に「ふりかえりをすると、反省会になってしまう。教員が喜びそうなことを書いて終わってしまう」というのもよく聞きます。

ふりかえりは反省会ではありません。日本人の国民性かもしれませんが、ふりかえりは「できなかったことを反省すること」という認識を意外と多くの人がもっている気がします。しかし反省だけでは、過去にしか考えが及びません。そして過去は変えられません。**ふりかえりは「成長したことや残された課題を確認することで次につなげるため」に行うものです**。次につなぐということからもわかるように、ふりかえりは未来のために行うものなのです。人は経験から学習しますが、経験を知恵に変えて未来につなぐのがふりかえりなのです。

探究学習を進めるにあたって生徒は様々な経験をします。その経験はそのままにしておく忘れてしまうかもしれません。しかしふりかえりの時間をもち、経験を言葉にして人と共有すると、それは知恵に変わります。

ふりかえりで経験を知恵にする

ふりかえりで経験を知恵にするには、以下の4つの視点が重要です。

①どんな経験（成功・失敗含む）をしたのか
②経験から何を学んだのか
③経験からどんな教訓や法則を見つけたのか
④次のアクションをどうするのか

①は「今回の探究活動を通じてうまくいったこと、うまくいかなかったことは、それぞれどんなことですか？」など、ふりかえるポイントをこちらで絞ってもいいでしょう。
②は、「今回の探究活動を通じての学びベスト3を書いてください」など、より具体的に問いかけるのもいいでしょう。
最も大事で、おそらく最も難しいのは③です。たとえば普段から計画を立てるのが苦手

な生徒は、おそらく探究活動でもその弱点が出て、計画的に進められなかったという反省をする可能性が高いと思います。この例のように経験したことの中には、探究的な学び以外の場面と共通することがおそらくあります。こうした共通性に気づけるかどうかが③です。生徒の気づきを促すために、ふりかえりの際に「今回の探究活動での経験で、探究活動以外と共通することはありますか?」や「今回の探究活動から後輩に教訓を残すとしたら何を残しますか」などの問いかけをすることが考えられます。「うまくいったことについて、なぜうまくいったのだと思いますか?またうまくいかなかったことについて、過去に戻れるならどうしますか?」という質問も考えられます。ここはおそらく個人差が出ますので、可能な範囲で周りの人と共有して他の人の考えに触れることが重要でしょう。

④は「探究活動を通してもっと知りたい、もっと深めたいと思ったのはどんなことですか?」など、次につながる質問をしてから考えると生徒も考えやすくなるでしょう。

この４つの視点をもってふりかえりをすれば、経験が知恵になっていきます。

ふりかえりも練習である

熊平美香さんによると経験のふりかえりには4つのレベルがあります。

1　結果のふりかえり：出来事や結果についてのふりかえり。「プロジェクトがうまくいった」など。事実を認識するという意味で大切ですが、このレベルに終始していると経験を学びに変えることはできません。

2　他責のふりかえり：他者や環境についてのふりかえり。「もっと時間をかけたかったのに忙しくてできなかった」などがこれにあたります。このレベルに終始していると状況を変えることはできません。

3　行動のふりかえり：自分の行動についてのふりかえりです。自分の行動をふりかえり、結果と結びつけることで、次にとるべき行動が見えてきます。行動を振り返っても状況を打開できないときは、次のレベルに進むことが必要です。

4　内面のふりかえり：自分の内面のふりかえりです。自分の行動の前提にある持論を、意見、感情、価値観、経験の4つの点でふりかえります。このことにより行動の前提にある自分の考えを俯瞰できるようになり、経験から多くのことを学べます。経験が知恵になるためには、レベル４のふりかえりができるようになることが大切です。しかしいきなりレベル４のふりかえりができるわけではなく、ふりかえりにも練習が必要です。**各教科の授業やＬＨＲでもふりかえりが実施され、生徒が自然とふりかえりの練習ができる環境が重要なのです**。

ふりかえりは他の人と一緒に行うと、より威力を発揮し、気づきも多くなります。ふりかえりは未来を創る力として注目され、世界中で広がりを見せています。成長した自分に気づくためにも、今回の経験から次に自分がやるべきことを考えるためにも、ふりかえりは重要なのです。

ポイント！

・ふりかえりは反省ではない。
・ふりかえりで経験を知恵にして、未来につなぐ。

【参考資料】・東京学芸大学　高校探究プロジェクト　総合的な探究の時間ツールキット
https://g-tanq.jp/inquiry/10
・熊平美香『リフレクション』（ディスカヴァー・トゥエンティワン）

より良い評価を「みんなで」つくっていく

よくある悩み

探究の評価が難しい。ルーブリックをつくるのは大変だ

探究型思考

ルーブリックを育てる中で教員の目線をそろえていく

ルールブックは使いながらすり合わせることで
自然と目標が共有でき、目線もそろう

何のための評価？

探究的な学びの評価が難しいという声をよく聞きます。たしかにテストの点数のように簡単に数値化できません。そして一連の学習に対して評価をしなければ、何が身について、何が身についていないのかがわからず、次に何を学べばいいのかもわかりません。評価が重要であることも事実です。

こうした課題にこたえるべく、探究的な学びに限らず、ペーパーテストで測りにくい力を可視化するための評価方法としてルーブリックが注目されています。たとえば、ふたばみらい学園では学校教育活動全般で育成を目指す資質・能力をルーブリックで定義し、指導の重点の設定、授業の展開、学習評価、学校評価等をルーブリックと関連づけながら展開されています（ルーブリックはホームページでも公開されています）。

ふたばみらい学園では学校教育全般に関するルーブリックを作成されていますが、探究的な学びについても、生徒の論文やプロジェクトなどについてのルーブリックをつくれば成果物を数値で評価できます。しかしルーブリックは万能ではなく、そもそも作成するのが難しいという問題があるのも事実です。また評価する項目（評価規準）や評価の基準をどうするのかという問題もあります。ルーブリックですべて評価できるわけでなく、誰が評価するのかという問題があることも事実です。

では評価をどうしていけばいいのでしょうか。おそらく**必要なことは「客観的な評価をしなければならない」「完璧なルーブリックをつくらなければいけない」というマインドからの脱却**です。

ルーブリックは育てていくもの。評価の場をつくるのが大切

そもそも評価は何のためにするのでしょうか。評価には大きく「説明責任」「取り組み改善」「生徒のため」の大きく3つの役割があります。「説明責任」とは5段階で評定をつけることなどがあてはまります。学校で教育活動を行う以上、評価をして指導要録などに記録を残す義務があります。記録を残すこともありここでは客観性が求められます。「取り組み改善」とは生徒の学習状況を評価し、それをより良い教育活動につなげるための評価です。「生徒のため」は評価し、それを生徒に伝えることで生徒が次の学びに向かうた

めの評価です。「客観的な評価をしなければならない」「完璧なルーブリックをつくらなければいけない」と思っている人の多くは、一つ目の「説明責任」としての評価しか考えていません。しかし総合的な探究の時間では、指導要録には学習活動、観点に加えて文言での評価を書けばよく、数値化は求められていません。だからこそ私たちは評価について、「取り組み改善」や「生徒のため」という視点を重視できるのです。

先ほど紹介したふたば未来学園の南郷副校長は「ルーブリックをみんなで育てる」ということを強調されています。ふたば未来学園では定期的にルーブリックを改訂されますが、そのタイミングは違和感が出たときなのです。ルーブリックがあり、それを教員だけでなく生徒とも共有することで、自然と目標の共有ができます。ルーブリックは教員の目線をそろえるという機能ももっています。だからこそ、完璧なルーブリックをつくって、未来永劫それを使い続けるということではなく、**まずは教員や生徒たちの目線あわせとしてルーブリックを作成し、ルーブリックを使う中で一緒に育てていくという姿勢が重要**なのです。

次頁下にあるのは本校高校2年生の探究で取り組んでいる「３０００文字チャレンジ」で使っているルーブリックの一部です。

3000文字チャレンジは生徒が好きなテーマを選び、それを3000文字の論文にまとめていくという単元です。生徒が論文を書く際には、指導する教員の中に「どこまで指導する」「何を重視する」などの疑問が出てきます。「何が不合格なのか」についても教員によって思いが異なります。

下のルーブリックはごく簡単なものですが、1のレベルだと受け取れない、5や4を目指すが、2のレベルでも（こちらは不満だが）単位は認定するという点で、教員の目線を一定そろえることができます。

これは生徒にとっても同じです。どのようなものがよい作品と言えるのかがルーブリックである程度わかるのです。生徒が自分の作品をルーブリックで自己評価し、それを教員の評価とすりあわせることができれば、メタ認知を育てることにもつながるでしょう。また、ルーブリックで生徒の課題を評価してそれを数値化すれば、評価規準ごとに生徒の到達度

	5（理想）	4（合格）	3（普通）	2（最低ライン）	1（不合格）
テーマ設定（課題研究の問い）	先行研究もおさえながら、研究目的や仮説が設定されている。生徒がそのテーマにした理由がよくわかる。	研究目的や仮説は設定されており、生徒がそのテーマにした理由もわかるが、先行研究などとテーマとの関連がわからない。	生徒が興味をもった内容をテーマにしているが、仮説がわからない（確実に調べ学習で終わる）。	生徒が興味をもった内容をテーマにしているが、テーマが「平和とは？」など抽象的過ぎて一般的なことしか書けない。	テーマを設定した理由がわからない。
内容（資料やデータの分析含む）	コンクールで入賞するなど、対外的に高い評価を得ることができるレベル	他の人の興味を引くその生徒ならではの結論を、資料やデータをもとに論じている。	複数の意見を組み合わせながら、自分なりの考察ができている。	考察はしているが、内容が一般的であり、自分なりの答えではない。	資料の丸写しレベル。自らの考察がない。
引用※（情	書籍・論文を	書籍・論文を3	書籍・論文の	書籍・論文の引	引用がな

がわかるので、指導改善にもつながります。

ところで評価を論じるときに忘れられがちな生徒のための評価ですが、本来ここが最も力を入れるべきところです。**特に大事なことは生徒が評価される場を数多く設定すること**です。生徒の作品を評価するのは教員だけではなく、他の生徒、学校外の方など多様な方がいいでしょう。評価としてコメントをもらうだけでも十分です。生徒は自分の作品に対して評価をもらうことで次に進みやすくなります。また生徒が相互評価をする場をつくると生徒は他の生徒の作品を評価する中で自分の作品の良さや欠点にも気づきます。探究的な学びにおいて**今必要な問いは、「どうすればきっちり評価できるのか」ではなく、「どうすれば生徒が評価される場を多くつくれるのか」なのです。**

ポイント！

・ルーブリックを育てていく過程で教員の目線をあわせていく。
・生徒が評価される場をつくることが重要。

協働は覚悟や志の共有から始まる

よくある悩み

教員の温度差が大きく
一緒に進めるのが難しい

探究型思考

不安に寄り添い
チームとして進めていく

教員同士の協働が生まれる環境とは

「どんな生徒を育てたいか」を
同じ温度感で共有できる場

挑戦や失敗を認め
寄り添い合える空気

協働は目的ではない

探究的な学びを進める上で「教員の温度差が大きく一緒に進めるのが難しい」という教員同士の協働についての悩みを聞くことは少なくありません。この悩みを考えるにあたって「そもそもなぜ協働する必要があるのか」という問いを考えることが重要です。

田坂広志さんは、風の対話「リーダーの条件」（2013.11.11）で「結果にすぎないものを目的にする」ことが現代の病と言われました。どの時代においても、どの社会においてもリーダーシップを発揮できる優れたリーダーが求められます。そのため多くの人が優れたリーダーの条件を考えます。しかしリーダーシップは目的ではなく結果であり、「結果としてある人が発揮するのがリーダーシップ」だと田坂さんは強調されます。そしてそのリーダーシップの本質は「この国（チーム）を何とかしたかった」という志の部分なのです。

実はこの言葉は教員の協働を考えるときに大切な示唆を与えてくれます。教員の協働は目的ではなく結果でしかないのです。そして**その本質は、目の前の生徒を考えた教員の思いや取り組みなのです。**

たしかに教員の協働を求める気持ちは尊いものです。しかし、同時にその気持ちの中に、いい方法を求める気持ちはないでしょうか。田坂さんによるといい方法を求める気持ちがあるなら、その思いが協働できない理由なのです。

探究的な学びを教員が協働して進めるために必要なのは、「良質の教材」「指導案」「ワークシート」等だろうと思います。リーダーの存在も重要でしょう。しかし協働の本質はそこではないように思います。**協働の本質は「こんな生徒を育てたい」という思いや志ではないでしょうか**。

探究的な学びを推進する人は、その意義や重要性をよくわかっています。しかし他の教員がそれをわかっていることは奇跡的なことであり、探究に対して「新たなよくわからない仕事が降ってくる」という思いをもつのが自然です。みんながはじめから前向きに取り組むことは奇跡的なことなのです。そこから自分がどうするかが問われるのです。

協働の本質は「こんな生徒を育てたい」という志ですが、それは自分の覚悟や志の共有からしかスタートしません。もちろん、結果として教員の協働がうまれることは大いにありえます。しかし**教員の協働という、結果にすぎないものを目的にしていないか**、改めて問う必要があると思います。

「べき」論を乗り越えて、不安に寄り添う

私たち教員には失敗できるチームが重要であり、探究に一緒に取り組むことはともに失敗する大きなチャンスかもしれないと思ったことがあります。

本校でコア探究初年度の総括をした際のことです。ある教員が「１コマの授業に対する準備としては非常に労力が必要で、全教員が集まる必要があるなど時間的な制限も負担」と負担感を感想に書いていました。同時に「本来、各教科でおこなっている学び方を丁寧に指導すれば、必要性は低くなるのではないだろうか」と探究の存在への疑問も書いていました。しかしこの教員は同時に「上手に展開できる自信がない回が多く、正直気が重かった」と不安を吐露し、「自分は苦手な内容にもチャレンジし、最後まで逃げないことができた」とも総括していました。

この話には後日談があります。この数か月後、探究に関連する新しい取り組みとして、遠足を地域課題発見型に変更することになりました。このアイデアを提案し、実行するにあたって中心となってコースを設計したのは、初年度の終わりに不安を吐露した教員だっ

たのです。**一見、後ろ向きともとれる発言の裏には不安感があり、チームとして不安に寄り添えた時に、私たち教員は一歩進めるのではないか**、そんなことを感じた瞬間でした。

探究的な学びに限らず、新しいことを始めるときに不安な気持ちを抱くのは当然のことです。その不安に対して本当に寄り添えているかどうか、探究を推進する教師は改めて問う必要があるのではないでしょうか。

教育に関しては「〇〇教育は時代が変わるから必要なことだ。教員たるもの一緒にやるべきだ」などの「べき論」を押し付けられていることが少なくありません。しかし、私たちに必要なことは「べき論」ではなく、「不安に寄り添い共に失敗できるチーム」なのです。

そもそも大多数の教員はまじめで一生懸命です。一方で失敗が許されにくい社会の風潮があるのも事実で、何かをする際に不安がつきまとう時代です。

だからこそ今、学校に必要なのは、失敗できるチームではないでしょうか。お互いがもつ不安に寄り添い、状況を共有しながら、わからないことを少しずつ進めていけるチームが大切なのです。そして探究に一緒に取り組むことはともに失敗するチャンスなのです。

探究的な学びを進める際に、教員の温度差や協働の難しさがよく言われます。しかし本質は「どのような生徒を育てたいのか」であり、協働は自分の覚悟や志の共有からしかスタートしないのです。

「たった一つの教室の取り組みが日本を変えていく」。福岡県立城南高校前校長の和田美千代先生の言葉です。不安に寄り添いながらチームとして探究的な学びを進めたその先に、見たかった世界が見えるのかもしれません。

ポイント！

・協働は結果であり、本質は「どのような生徒を育てたいのか」。
・志を共有するところから協働がうまれてくる。
・必要なのは「～べき」ではなく、一緒に失敗できるチーム。

教員の伴走によって生徒は探究を深める

よくある悩み

自分の専門ではないテーマを指導できない

探究型思考

生徒に質問し、生徒が自分で深められるように伴走する

生徒に任せ、寄り添い伴走する姿勢が大切
!
?
「細かく教える」
から
「問いかけて考えさせる」
へ
専門でないことこそ、生徒に学びを渡すチャンス

探究的な学びにおける教員の伴走

教員と生徒のかかわりでは、知識やスキルなどを教える場面（teaching）も、生徒に寄り添い生徒から答えを引き出す場面（coaching）も両方必要です。では、探究的な学びにおける教員の役割は何でしょうか。よく言われるのは次のような言葉です。

「生徒が自らの問いから学びを深めていく探究的な学びにおいては、最終的には生徒が自ら探究サイクルを進めていくことが重要である。だから大事なのは（教えることではなく）生徒に伴走することである」

読者のみなさんはこれに対してどう思いますか。この本を手に取られた方なら「その通り」と思う方が多いでしょうか。しかし実は伴走こそ「言うは易し行うは難し」です。そして「教員の専門性」がこの問題をさらにややこしくします。誰しも自分の専門分野については、知識があり、その分野に関わっている知り合いがいて、研究の深まり方についてもある程度想定ができます。こうしたこともあり、自分の専門分野の探究的な学びに伴走すると、結果的に生徒の成果物のクオリティが上がることは否定できないように思います。

これは専門の教員が指導者としてつく大学院の博士課程をイメージするとわかりやすいかもしれません。博士論文のようなハイレベルな成果物を仕上げるにあたって、その領域を専門とする方に指導してもらうことが必要なのです。

一方で研究者養成を目的としない中等教育で専門性を意識しすぎることには落とし穴もあります。**教員の専門分野だからこそ、教員が必要以上に教えすぎてしまう可能性は高い**です。教えすぎた結果、生徒の作品でなく教員の作品になってしまうことは今でも散見されます。何より教員が必要以上に教えてしまうと、生徒は決められたレールの上を歩いてしまい、自ら探究サイクルを進めることが難しくなってしまいます。

「教育と探求社」創業者の宮地勘司さんが出された『探求のススメ』という本には探究プログラムに伴走した教員の姿が書かれています。ある学校での話です。その学校では準備万端でプログラムを始めたものの生徒の様子が芳しくありません。そこでその学校の先生はプログラム導入校の先生が集まる勉強会に参加していろんな先生に「どうしたら生徒の心に火がつくのか」「授業の何がダメなのか」を相談します。具体的な方法が返ってくることを期待されていたのでしょう。**ところがどの先生からも返ってきた答えは「最大のコツは先生が教えないこと」でした。**実はその学校の先生はプログラム導入にあたり、生徒が学ぶことを事前にきっちり調べられていました。それに対しても「それは生徒がやること。生徒の学びを奪ってはいけない」「先生がやるべきことは知識を伝えることではなく生徒がどうやったら自分でそれを調べたり考えたりしたくなるか、その環境やきっかけをつくること」と言われたのです。釈然としなかったものの、その学校の先生は助言を受け止め実行してプログラムは進みます。

それから10か月たち、ついにプログラムも最後のまとめで生徒の発表になりました。発表会には宮地さんも参加されました。生徒たちは立派なプレゼンをしましたが、その後の講評で宮地さんはあえて生徒に「プログラムに取り組んでどうだったのか」と質問されます。その質問に対して生徒たちは自分の言葉でしっかりと答えました。その学校の先生は生徒の様子に驚き涙され、宮地さんに言います。「質問なんてやめてほしいと思った、うちの学校の生徒は答えられないから、質問するのではなく講評してほしいと思った。でも生徒たちは立派に答えていて驚きました」。この生徒の成長の背景には授業のスタイルを大きく変えて、教えず見守るようになった先生の努力がありました。そして**先生が変化したことで学びの主権が先生から生徒に移った**のです。

この例からもわかるように、生徒が探究サイクルを進めていくということは、学びの主権が生徒に移ることであり、そのために必要なのは教える存在ではなく、伴走する存在としての教員なのです。

専門ではないテーマの指導は伴走力を高めるチャンス

教師が生徒に何かを教えるティーチングでは、教える側と教わる側に上下関係があります。そして、指導を通して答えを与えていく一方向のコミュニケーションが基本です。一方で、教員が生徒に伴走するときに上下関係はなく、並走する関係になります。このときは双方向の対話によって対象者から答えを引き出します。

実は普段ティーチングを得意としている先生ほど、自分の専門領域でないテーマの探究に伴走することは伴走力を高めるチャンスなのです。自分の専門領域ではどうしても教えたくなりますが、専門領域でなければそうはいきません。そのため純粋に生徒と一緒に考え、生徒に疑問を投げかけ、その領域に詳しい人を探してきて生徒と一緒に話を聞くということがやりやすくなるのです。

専門領域を担当したときは伴走をいつも以上に意識し、専門領域でないところを担当し

たときは、伴走する力をつけるチャンスであると捉えることが重要なのです。

そもそも探究的な学びにおいて、生徒が立派な成果物を仕上げることは結果としてはいいことかもしれませんが、目標ではありません。目標は生徒が自分の問いから探究をはじめ、自分の力で探究サイクルを進めていくことであり、そうした力を伸ばすことです。教員が何かを教えて生徒がそのことを理解する以上に、生徒が自ら理解することが重要なのです。

たとえば生徒の論文を「てにをは」レベルで添削することは、決して否定されるべきことではありませんが、かなりの労力が必要で、生徒が自分で修正する力を育てるチャンスを失うかもしれません。だとすればあえて指導しないということもありえます。**学びの主権が生徒にある、最も大切なことは生徒が気づく**。探究的な学びを担当する教員に必要なスタンスはこうしたことではないでしょうか。

ポイント！

・学びの主権は生徒にあると捉える。
・専門分野でないテーマの指導は伴走力を高めるチャンス。

【参考資料】宮地勘司『探求のススメ』教育開発研究所

教科と探究で学びをストーリーにする

よくある悩み

教科と探究がつながらない。
合教科の取り組みは現実的ではない

探究型思考

生徒の学びをつなぐという視点で取り組みを見直す

学校全体で共有する「育てたい力」

各教科・探究・自主活動 等、すべての教育活動で育てる

接続が大変？

「探究」の授業を通して、授業観、教科観が変わるかがポイント

- 教科を「問い」を探す入り口に位置付ける
- 教科で生徒の視野を広げ、探究で社会とつなぐ　etc.

教科と探究の接続において大切な教科観と授業観

総合的な探究の時間と教科の連携の重要性は言うまでもないことです。学習指導要領では、総合的な探究の時間の学習の在り方として「各教科・科目等における見方・考え方を総合的・統合的に活用する」「教科・科目等の学習と教科横断的な学習を往還することが重要」と書かれています。各教科で育てるその教科固有の見方・考え方を探究の時間に活用すること、逆に探究での学びを各教科につなげることが重要なのです。

そもそも何らかの力を育てる時に、抽象的・汎用的で活用範囲の広い力は、特定の教科やクラブ活動等だけで育てることは不可能です。たとえば、方程式を解く、古典文法を理解する、野球のバットの振り方を理解するという力を育てるならば、数学や国語の授業、野球部の活動で育てることが可能でしょう。ただし、これらの力は、その教科やクラブ以外のところでは活用が難しいです。

一方、論理的思考力を育てることを考えると、数学・国語などいろいろな教科での指導が融合しないと難しいです。体を思い通り動かす力についても、特定の種目を長時間練習するだけではなかなか育たないのではないでしょうか。

これからの時代に求められる力が汎用的で活用範囲の広いものであることは言うまでもありません。そのため世界各国がコンテンツベースからコンピテンシーベースの教育への転換を試みています。日本でも新学習指導要領は資質能力ベースで書かれ、カリキュラムマネジメントが強調されています。**学校全体で育てたい力を共有し、各教科や探究、自主活動など教育活動のすべてで育てるからこそ、生徒に力がつくのです。**これは探究と教科のつながりの重要性を示しています。

探究と教科や異なる教科を接続するという議論は時として「合教科での授業実施」など大掛かりなことをしないといけないという誤解につながることもあります。教科を横断した授業をつくる際には、時間割作成や教員の持ち時間カウントなど、運用面での課題を抱えるという学校の現実もあります。また、総合的な探究の時間の指導計画を立案する段階で、教科と探究の関連を意識することが求められているので、教科と探究の関連を（無理に）図などにまとめることのみに労力をかけてしまう学校もあるでしょう。しかしこれは教科と探究の接続という手段が、目的にすり替わっている例ではないでしょうか。**実は教科と探究の接続は、教員の教科観や授業観にポイントがあるのです。**

探究の授業をすることで、各先生がもっている授業観や教科観が変わっていくかどうかに、探究と教科の接続の大きなポイントがあるように思えます。

本校の探究の授業には「問いを立てる」という単元があります。詳しくは３章の事例１（116頁）をご覧ください。教員が教科を学ぶ意味を語り、それに対して生徒が「問いを立てる」という取り組みです。各先生が語る教科を学ぶ意味を聞くと、その先生の教科観や授業観が伝わってきます。そして教員自身、教科を学ぶ意味を語る準備をする中で、自分のもつ教科観や授業観に気づいていきます。

また、３章で事例を執筆している稲垣先生（178頁）は、探究を担当する中で「探究で使えるものを国語に使おう！」と教科と探究をつなぐ取り組みをはじめます。「授業こそ自分のマイプロジェクト」と腹をくくり、「どうしたらうまくいくのだろう、そもそも、うまくいった授業ってどんな授業なのだろう」と問いを立てて自ら考えます。その後、探究で活用したワークシートを国語の授業でも使い、コア探究で問い立てした内容でミニ文章を作成するという取り組みを進めます。文学総合（国語の選択科目）では、「文学作品×学問」というテーマで、文学作品をある学問の視点に着目して分析する取り組みをしました。この取り組みの裏には稲垣先生自身の教科観・授業観の変化があります。「授業とは試験問題が解けるようにすること、与えられた問いに対して答えが出せること」という授業観が、「授業とは視野を育てること」に変わったと語っていました。稲垣先生は「視野を育てるためのコンテンツが教科であり、コンテンツと『今』をつなぐのりが探究なのでは？」とも言っています。探究の取り組みを通じて教科観や授業観を変化させた結果、教科と探究の接続を形にしたのです。

探究と教科で学びのストーリーを豊かにする

選択科目が多い高校では、教科と探究の接続を考える際に注目すべきは「生徒の学びのストーリー」である。私は生徒からこのことを学びました。

本校では高校1年生「現代社会」の中で、「未来を考える」というテーマで「SDGsを具体化するSDGsアクションを作成しよう」という取り組みを行っています。Aさんは食糧問題に注目し、世界の飢餓問題解決に向けたアクションを提案しました。

それから1年あまりがたち、Aさんは高校3年生のコア探究（総合的な探究の時間）のプロジェクトで、SDGs・2番の「飢餓をゼロに」と12番の「作る責任　使う責任」という目標の達成に向けた取り組みを考えます。Ａさんは本校生徒の食糧問題への関心・意識を高めることも重要だと考え、食堂とコラボしてメニューを考案し、１食につき10円を食糧問題に取り組む団体に寄付するということを実行します。Ａさんは同時に世界の食糧問題についてわかりやすくポスターにまとめ、食堂新聞として食堂の座席に掲示しました。コロナ禍で食堂では個食になることもあり、食堂新聞は食堂利用者に大変好評でした。

Ａさんは高校３年間の中で様々な学びがつながり、最終的に自分なりのテーマをプロジェクトとして実行し、社会に発信しています。このように総合的な探究の時間があることで、生徒の学びがストーリーとしてつながるのです。**カリキュラムマネジメントは生徒の学びのストーリーを豊かにするためのもの**なのです。

ポイント！

・教科と探究の接続のポイントは教員の教科観と授業観。
・探究と教科で学びのストーリーを豊かにする。

「問い」で教科の授業を探究的にする

よくある悩み

教科の授業を探究的にするのは時間の制約もあり難しい

探究型思考

問いかけ一つで探究的な授業になる

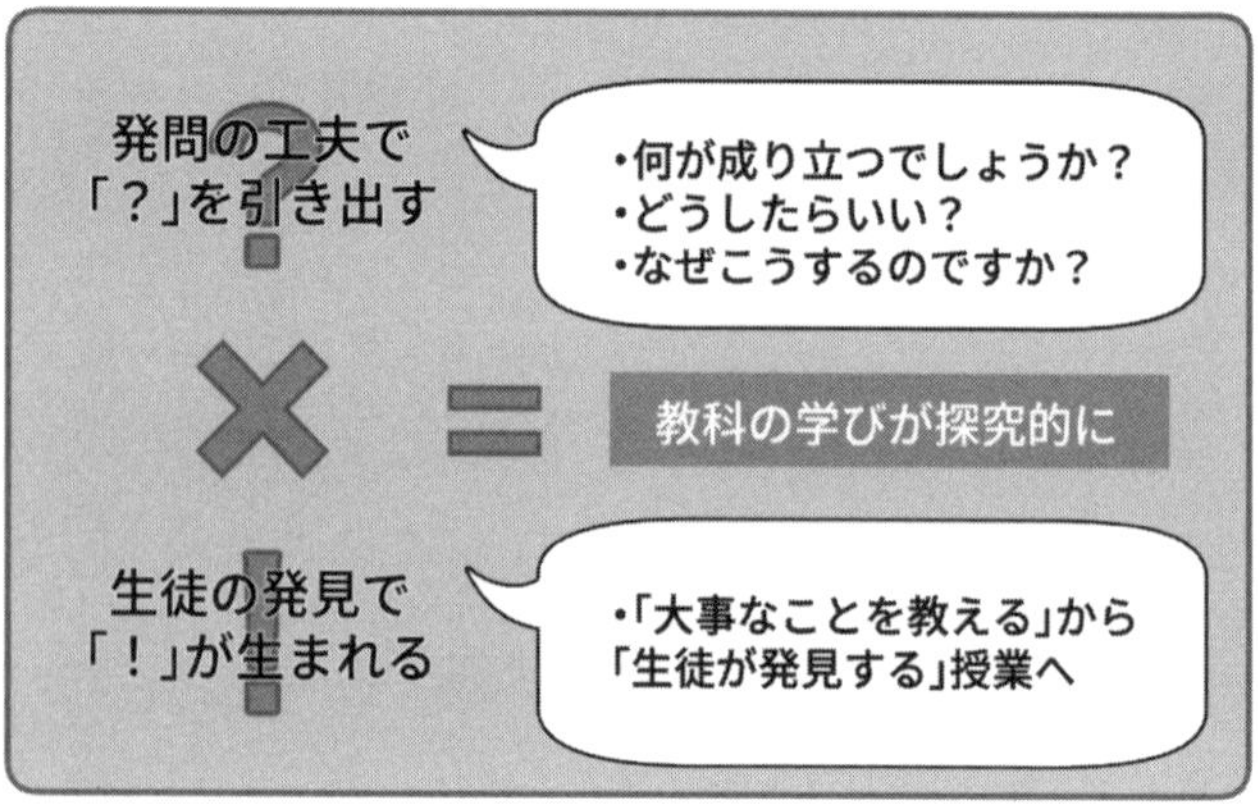
発問の工夫で「？」を引き出す
・何が成り立つでしょうか？
・どうしたらいい？
・なぜこうするのですか？
教科の学びが探究的に
生徒の発見で「！」が生まれる
・「大事なことを教える」から「生徒が発見する」授業へ

発問だけでも授業は大きく変わる

探究と教科の接続が重要であるということは、教科の授業を探究的にすることが重要ということです。そのことは間違いないのですが、教科の授業を探究的にするというと、授業を大きく変える必要があるという誤解が生じるのも事実です。みなさんは、教科の授業を探究的にするためにどんなことができると思いますか。

日常の授業を探究的にすることを考えたときに、反転学習など授業の方法を大きく変える取り組み、ＩＣＴを使った(華やかな)授業などをイメージされることが少なくないように思います。一方で、授業を探究的にしたいけど時間がないという声も聞きます。探究的な学び＝大がかりなものなのでしょうか。決してそうではありません。

たとえば、次の問いを考えてください。

「バスの運転手さんは、どんな仕事をしていますか?」

みなさんならどう答えますか。
では次の問いはどうでしょうか。

「バスの運転手さんは、どこを見て運転していますか?」

実は後者は故・有田和正先生が小学校の授業でされた発問です。後者の問いは前者と比べていろいろなことを思考したのではないでしょうか。「どんな仕事?」と聞かれても「運転する」以外のことを考えるのは難しいですが、「どこを見て運転していますか?」と聞かれると、バスの前の道路や車、バスの後ろや横のこと、次の停留所や現在の時間などいろいろなことを思考します。

これは児童生徒にとっても同じです。つまりこの発問によって、生徒はバスの運転手の仕事について、**自ら問いを立て思考する、つまり探究していくようになるのです**。このように授業は、発問ひとつで生徒の頭の動き方が変わり、探究的になるのです。

普段の授業を探究的にする２つの工夫

大掛かりな準備をした探究的な授業も大切ですが、先ほどのバスの例のように、**日常の授業を探究的にすることも重要な取り組みで、これはどこの学校でも実施可能**です。そもそも各教科の学びは先人の探究の成果なので、教科を学ぶということは、その教科の世界を探究することだということも忘れてはいけません。

普段の授業を探究的にする方法を２つ紹介します。

①発問の工夫

発問一つで授業は変わります。数学の例ですが、以下のような発問はどうでしょうか。

・「何が成り立つでしょうか？」

教科書には「＊＊を証明しなさい」と書かれている場合がほとんどですが、教科書を閉じて、条件などを示した上でこの発問をすると、生徒の頭が動き出します。成り立つだろうと考えたことが本当に成り立つことを説明することは証明に他なりません。生徒が何かを予想すると、それを証明する必然性もうまれるのです。

・「どうしたらいい？」

生徒にとって未知の問題を示し、すぐに解き方を教えるのではなく、このように聞いたらどうでしょう。数分の時間をとれば自分なりに試行錯誤することも可能でしょう。

・「なぜこうするのですか？」

数学は問題を解いて終わりになりがちですが、解いた後にこのように聞くのはどうでしょうか。生徒はこの解き方ができる状況について考え、その結果理解は深まり、新しい問題への対応力もつくのではないでしょうか。

②「最も大事なことを生徒が発見する」

有田先生の言葉に「スイカはおいしいところから食べる。授業もまた同じ」があります。スイカを食べるとき、多くの人は端から食べずにまん中からガブリと食べます。有田先生によると授業も同じなのです。もっともおいしいところをドーンと与えるからこそ、子どもは食いつき、熱中し、追究し続け、満足感を味わうのです。

数学についても、解き方や定理などを生徒が発見するか、教員が教えてしまうか。これは**最もおいしいところを生徒に与えるのか、教師が食べてしまうのかの差**につながります。

生徒が発見するような工夫が大切なのです。

もちろんこの工夫だけで探究的な学習とは言えない面もあります。たとえばこの例では教員が課題を与えていますが、本当の探究は生徒が自ら課題を設定します。

しかし、自ら課題を設定して、その課題を解決できるような生徒を育てるためにも、普段の授業を探究的にすることが大事です。これは『生徒の頭に「なぜ？」「解決したい！」という気持ちが芽生える授業』と言ってもいいかもしれません。**こうした授業の積み重ねこそが、探究的な力を育てます**。そしてそれは教員が一方的に教えこむだけの授業では実現しないのです。


ポイント！

・発問の工夫だけでも探究的な授業はできる。
・生徒の頭に「？」や「！」が浮かぶ授業にすると探究的になる。

失敗から成長できる教員になるために

よくある悩み

失敗は許されない。だから生徒がミスをしないように指導する

探究型思考

失敗は学び。まずはやってみる。謝るのも仕事

先回りせず、生徒の挑戦を認めよう

まずはやってみる

1章5節で教員にもマインドセットを変えるチャンスや場が必要で、探究的な学びにはその可能性があるということを書きました。探究を通じて教員として成長できるかどうかはマインドセット次第ではないかとさえ思います。

教育活動において許されないミスがあるのは事実です。しかし「ミスがあってはいけない」という思いが強すぎるあまり、「生徒にミスをさせないように教員が先回りする」という過保護な状態が生じてはいないでしょうか。

たとえば探究的な学習を進める上で、生徒が学校の外に出かける場面があり、その際に事前指導は大切です。しかしその事前指導が「生徒が怒られないため、迷惑をかけて学校にクレームが来ないようにするための指導」だったらどうでしょうか。おそらくその指導ではやってはいけないことをリスト化し、生徒が実際に学校外に出かける場面で教員は生徒を逐一監視しようとするのではないでしょうか。この指導についてどう思われますか。

学校の外に出かける場面は生徒にとって社会を学ぶ貴重な学習の機会です。やってはいけないことをリスト化し、禁止事項ばかり教える事前指導では、生徒が考え学ぶチャンスを奪ってしまいます。

たとえば、「学校外に生徒が出かけることで、周りの人にはどんな迷惑が生じるか、どんな危険なことが想定されるか」という問いを与えて、具体例をいくつか示し、他にどんなことがありそうか考えさせるのはどうでしょうか。「また来てほしい」と思われるために必要な行動を生徒が考えることも考えられます。このような事前指導を受けて、それでも怒られる場面があれば、生徒は事前学習の意味をより理解し、同時に学校で生活指導として実施されている様々な指導の意味もより理解することでしょう。

謝るのも教員の仕事であり、生徒を信じて任せるのが教員にできることだと腹をくくることは大切です。

何か予期しなかったことが起こった時に「学びの機会」と捉えるか、「そんなことが起こらなければいい」と思うかのちょっとした違いも大きな差になります。何かをした時に順調に進まないことはあります。

それを失敗ととるか、学びの機会ととるかの受けとめの差が「やってみよう」と思えるかどうかの差になります。いうまでもなく「やってみよう」と思えるのは後者の教員です。

そして教員生活を通じて成長し、充実した教員生活を送っている先生の多くが後者です。

3章の実践例にあるように、マインドセットは変化します。

たとえば稲垣先生は当初探究に対して否定的でした。ところが中学校の先生に言われた「バックネット裏族になるな！」という言葉を思い出し、まずは探究に取り組んでみます。その後の変化は実践例（178頁）を読んでください。このように探究的な学びの指導を通じて教員が変化する例はどの学校にも数多く存在します。

実は私たち教員の仕事は探究の連続です。3章の池田先生の事例（198頁）ではコロナ禍での教員会議での様子が紹介されていますが、この例のように私たちは日々答えのない問いに出会います。授業の発問をどうするか、クラスの生徒にどう声をかけるかという、日々出会う小さなことの多くは、こうしたらいいという絶対的な解がありません。私たちはそのようなときにより良い解を探究できているでしょうか。

2章1節で筆者の勤務する立命館宇治中学校・高等学校の総合的な探究の時間では「お客様から生産者へ」をキャッチフレーズとして、生徒が与えてもらうお客様から、自ら価値を生み出す生産者に成長していく3年間のストーリーをカリキュラム化したと書きました。このキャッチフレーズを教員に当てはめたときに、お客様の教員と生産者の教員は間違いなく存在します。

たとえば「もっと単位数を増やしてほしい」「学校として決めてほしい」「指導する際に必要なものをすべて準備してほしい」などの発言ばかりする教員は、残念ながらお客様そのものです。

一方、与えられた条件での最適解を考えて実践している教員、自ら決断して実行している教員、必要なものを自ら探す教員は生産者の教員でしょう。そして探究しているのは間違いなく生産者の教員です。もちろんすべての教員がどちらの面も持ち合わせています。ただ「自分はより良い教育を探究しているだろうか」という問いを常に自分に投げかけることは重要です。

学習指導要領は日本のどこかの教室での事例が形にされ、つくられていきます。一つの教室での実践が日本の教育を変えていくかもしれないのです。次の時代の教育は生産者の教員がいる教室からつくられていきます。つまり**私たちの日々の探究から次の時代が創られていく**のです。

本章では「探究型授業に必要な教師の思考」をテーマにして様々な視点から執筆してきました。ここまで読んでこられた読者の方は、**すべての根底に「教員が探究しているのか**

どうか」という教員のあり方が問われていることに気づかれたのではないでしょうか。

次章では様々な先生方の事例が登場します。その事例と共に、執筆された先生のあり方にも触れてもらえたらと思います。読者の先生方がより豊かな事例を加えてくださることを期待してこの章を終わりたいと思います。

ポイント!

- 失敗は学び。まずはやってみるというマインドセットが重要。
- 私たちは日々探究課題に出会っている。
- 生産者の教員の教室から次の時代の教育は創られる。

第3章

「探究」を引き出す学びのモデル

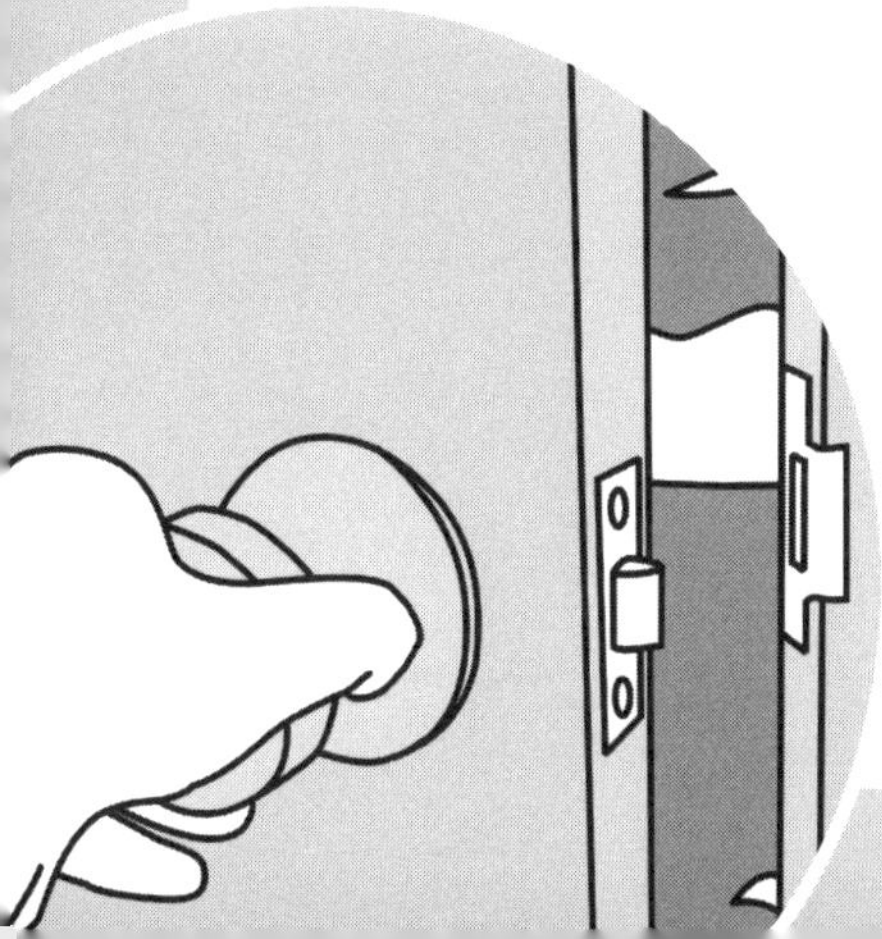

1 問いを立てる授業

――生徒が学ぶ意味を探究し、学ぶ意味を自ら発見する

（高校・総合的な探究の時間）

立命館宇治中学校・高等学校　酒井淳平

授業の概要

探究的な学びの土台となる「問いを立てる力」を育てる授業です。問いを立てるコンテンツを「教員が語る教科を学ぶ意味」とし、生徒は教員の話を聞いた後で問いを立て、生徒の問いに教員が答える形で授業を進めていきます。

授業実施にあたり、事前にお互いが話す内容を教員同士で共有しておくとよいでしょう。このことで教員は他の教科の見方や考え方に気づいていきます。

問いを立てる授業とは

自らの課題設定から始まる探究的な学習では、問いを立てることが重要です。しかし、生徒たちの多くは答えの決まった問題を与えられることに慣れていて、問いを立てる力が高くない場合が多いです。たとえば講演会の後に質問が思いつかないという生徒は少なくありません。本実践はこうした現状を考えて設定した単元です。授業は次のような流れで進みます。

導入	教員が教科を学ぶ意味を語る	20分程度
展開1	生徒が問いを立てる質問づくり	10分程度
展開2	教員が質問に答え話を深める	15分程度
まとめ	まとめ・本日のふりかえり	5分程度

問いは何らかのコンテンツに対して立てるので、問いを立てる授業を実施するにはコン

テンツが必要です。本校では「教員が語る教科を学ぶ意味」をコンテンツとしています。問いを立てる力を向上させるには練習が必要です。本単元は9時間程度で構成していきます。はじめはグループでなるべく多くの問いを立てることから始め、徐々に問いを立てる難易度を上げていきます。最終的には問いをアカデミックとキャリアに分類したり、優先順位をつけたりということをします。また授業を進めるにあたって教員は各クラスを順番に回るので、生徒が問いを立てるコンテンツは毎回変わります。たとえばある先生は今週4組、来週5組…とまわっていきます。これは教員の側から見ると、ひとつ授業をつくれば、次回以降は簡単な修正でよいというメリットがあります。

授業の様子から見る「問いを立てる」姿

ある授業を紹介します。この日のコンテンツは数学を学ぶ意味、問いを立てるテーマは「グループで問いの優先順位をつける」です。

授業が始まりました。まずは本日のテーマを確認した後で数学を学ぶ意味についての話が始まります。数学が日常生活で使われている例を出しながら、社会で必要な力が数学にあると強調されます。しかしもっと大切な数学を学ぶ意味があります。それは、①数学は最もグローバルな言語であること ②数学は多くの数学者の夢の集まりであり、数学を学ぶことは夢にふれ、夢を育てるものであること ③暗号に数学が使われているなど、結果的に数学は今の社会で必要不可欠なものになっていることの3つです。教育の中身は時代によって変わりますが、学校教育において数学がなくなったことはないということも数学の大切さを証明しています。

ここで一旦、先生の話は終わり、問いを立てる時間です。生徒たちは様々な質問をつくります。「先生が最も面白いと思った数学の公式は？」「他に数学が役立っているのはどんなところがありますか？」などの質問が出ます。本日のテーマは「グループで問いの優先順位をつける」なので、ここで4人グループをつくる指示が出て、生徒は各自がつくった質問を持ち寄りながら、グループとして1つ先生に質問する問いを決めます。その後、質疑応答が始まります。「数学はどこまでを明らかにしようとしているのか」という質問に対して、ゲーデルの不完全性定理で数学者が世界の全てを明らかにしようとした夢が破れた話も紹介されるなど、質疑応答で授業内容はより深まります。その後まとめの時間となり、生徒たちは残った疑問や今日の学びを書いて終わります。問いを立てる力がついたのはもちろん、数学を学ぶ意味についても新たな気づきの多い授業になったようです。

授業実践を通じて教員が高めあう

問いを立てる授業実施にあたって大切なのは担任会議の時間です。本校では高校1年生と2年生の総合的な探究の時間は学年で運営し、担任と学年主任が担当して学年で運営します。そのため授業実施にあたっては担任会議で授業のねらいや教材の確認、授業の進め方の共有などを行います。問いを立てる授業を実施する際には、各教員が生徒に語る内容を順番に担任会議でプレゼンします。この時間はもちろん授業の練習のためですが、それ以上の効果があります。それは教員がチームになれることと、他教科の見方・考え方がわかることです。

教員の多くは自分の専門である教科が好き・得意で教員になります。しかし教科を学ぶ意味を生徒に限られた時間で伝わるようにプレゼンを考えるのはそう簡単なことではありません。順番にプレゼンすることで、その苦労をみんなで分かち合うことができます。

また他の教員のプレゼンを聞くことで他教科の見方や考え方に触れることができます。

私自身、他の教員が語る内容を聞いて、国語にはそんな側面があったのかとか、家庭科はこんなに大人になってからの生活と関わっているのかと強く感じました。また、国語や家庭科の先生がどのように社会を見ているのかも伝わってきたのですが、これはまさにその教科独自の見方・考え方です。他教科の見方・考え方に触れることで、自分の専門である数学独自の見方や考え方についても、今まで以上に明確にイメージすることができました。

資質・能力ベースですべての教科・科目等が貫かれている新学習指導要領では、教科の見方・考え方が今まで以上に重要になります。一方で教員にとって自分の教科の見方・考え方は、あまりに当然すぎて気づかないこともあります。多くの人が「海外に行くことで日本の文化に気づいた」と言います。それと同じで、他の教科の見方・考え方に触れることで、自分の教科の見方・考え方に気づくことは多いのではないでしょうか。問いを立てる授業は他教科の見方・考え方に触れることができるという点でも貴重な取り組みです。

問いを立てる授業の生徒や教員の感想

問いを立てる授業の最後の時間はピラミッドチャートを使って、学んだことをまとめます。ピラミッドチャートの一番上に書かれた「自分が学ぶ意味」には「人生を豊かにする」「社会に貢献し未来を変える」「よりよく生きる力をつける」など、よりよい人生を歩むために学ぶことが重要であるということを書いている生徒が多くいました。

生徒の感想には「先生も子どものころ、その教科を学ぶ意味がわからなかったと言っておられて、そんな先生方が今こうして私たちに学ぶ意味を語っていることがその教科を学ぶ意味がある証拠だと思う。私も自らの経験として学ぶ意味を実感できるように学んでいきたい」など学ぶ意味の深まりについて言及したものや、「最初の方の授業では全然問いを考えることができなかったり、考えるのに時間がかかっていたけど、最後の方は質問をたくさんつくれるようになった。問いを立てる力も伸ばすことができたと思う」など問いを立てることについて述べたものが多くありました。

新たな疑問には「どうすればより深い学びができるのか」「新たな社会を創っていくためには学校で学んだこと以外にどのような能力が必要なのか」などがあり、この学びが今後につながりそうなことがわかります。

教員の感想には「自分が何を知りたいのか、学びたいのか自分自身を省察する機会になっており、主体的な学習を促すきっかけになっていると思った」など生徒の学習観の変容に言及したものや、「教員同士が毎週の打ち合わせで額を突き合わせて会話することができたので、ものすごく『風通しの良い学年団』をつくることができたのは大きな収穫だった」など教員の同僚性について言及されたものが多くありました。「改めて自分の教科を見つめ直すよい機会になりました」という声も多く、教員にとっても教科を学ぶ意味を問い直すことが重要であることがわかります。

学ぶ意味は、決まった答えのない問いです。生徒も教員も日々その答えを考え、その時々で自らを納得させながら学びに向かい、その結果、日々学び続けています。だからこそ探究する課題としてふさわしいのでしょう。

ポイント！

- なぜ学ぶのかについて、こちらが一方的に伝えるのではなく、様々な考えに触れることで、生徒自身が探究し、考えを深めていく。
- 生徒が学校生活でもっとも時間をかけているのは各教科の授業。だからこそ各教科を学ぶ意味を探究することは、探究のはじめの一歩として必要不可欠。
- 教員が学ぶ意味を探究している姿を生徒に見せることが大切。

2 マイプロのスモールステップ「ちょこプロ」
――探究を促進するプロセスと外部連携

（高校・総合的な探究の時間）

岩手県立大槌高等学校　鈴木紗季
岩手県大槌町 教育専門官　菅野祐太

ちょこプロとは

本校ではマイプロジェクト（以下、マイプロ）を主軸とした探究活動を展開しています。マイプロに取り組むことが、経験を積むこととその経験を語ることを繰り返していく中で、自分だけのテーマや問いを持って生活することを意識し、今後の自己の在り方生き方を考える土台をつくることにつながります。しかし、生徒にとって、はじめから探究したいテーマや深めたい問い、実社会の中で自分に紐づける課題に対する解決策等を設定することは簡単ではありません。自分が興味関心をもっていることに関して、「①問い・課題の設定（見通し・計画）」→「②仮説・検証・情報収集（アクションの実践）」→「③整理・分析」

↓「④振り返りの中から次の問いを設定する」ことを繰り返すというのは、今まで経験があまりなく、探究のスパイラルを回すにはハードルが高いもの。そこで、最終的にマイプロにつなげていくために、次のような1時間の流れで「ちょこっとマイプロジェクト」（以下ちょこプロ）としてマイプロのためのスモールステップに取り組んでいます。（左図は最初の導入の1時間）

5分
マイプロの説明

↓

15分
ちょこプロの説明

↓

20分
ちょこプロを作ってみる

↓

10分
グループ内で設定したちょこプロの共有

ちょこプロの説明で大切にしたこと

■１週間のちょこプロを複数回実施することの意義

①問い・課題の設定（プロジェクトの立案）↓②仮説・検証・情報収集（アクション）↓③整理・分析↓④振り返りの中から次の1週間のプロジェクトを設定します。この4つの

過程を1週間というスパンで複数週、繰り返します。体験したこと・実践したことから、何を感じたか・学んだかを振り返ることで「体験」を「経験・知見」にしていきます。修正しながら次のサイクルを回すことができるので、今行っているアクションが次のアクションに役立つようにアップデートを繰り返し、最善を探究し続ける力につながるのです。1週間という短いスパンでアクションを回すという経験を複数回重ねることで、探究のスパイラルを回す過程を身に付けていくこともできます。

■プロジェクトを立てる時のポイント

大切にしたのは、①自分のやってみたいというアクションをすべてOKにしたこと、②アクションとゴールの具体性を意識してもらうこと、③自分だけのプロジェクトではなく、誰かのためにもなる（誰かを喜ばせる）プロジェクトにすること、という3点です。特に、生徒のやってみたいというアクションの自由度を上げたことが大きな要素となります。

ちょこプロをつくる部分で大切にしたこと

■生徒への関わり方

学年団の先生方全員＋外部の方々（NPO法人カタリバ等）に関わってもらい、生徒一人一人に複数名が多角的な視点で、既述の①～③の観点が入っているかを検討しました。また、1週間のちょこプロを終えたあと、生徒同士のフィードバックを含め、次の問い（プロジェクト）をブラッシュアップさせるような声掛けを意識していました。

【実際のプロジェクトテーマ】
・忙しい家族のために1週間お弁当をつくる
・庭に池をつくる
・外国にルーツのある親戚と会話するために中国語を勉強する
・1日1本、自作の小説を書き続ける
・快適な生活にするために、自分で家具をつくる
・チームの勝利のために、毎日筋トレ、素振りを行う
・学年間の仲を深めるために校内でミニスポーツ大会を企画する
・泥水が飲み水になるまでろ過し続けてみる
・学校にどれくらい災害時の備蓄用品が揃っているか調べてみる　など

■1週間のちょこプロを通した気づき

生徒の感想

・自分ではアクションなんて無理だと思っていたものが1週間だとできた。自分でも何かを変えることができると実感。

・今まで「だめ」「無理」「授業（教科）、勉強には関係ない」という理由で制限され、できなかったことができることで、やりたいことを実践する楽しさを実感。自らやってみたいと思ったことは大変でも実行することができると実感。

・やりたいことは、調べ学習でもインタビューでも楽しくできる。学ぶおもしろさに自ら気が付く。

教員の感想

・「will・need・can」を意識し、条件の「誰かを喜ばせること」という視点をもつだけでプロジェクトの具体性が上がる（対象と行動の具体化）。

・自分のちょこプロを仲間（生徒・教員）と共有することで、「自分が大切にしていることを他者に認めてもらえる喜び」を感じることができる。

・ちょこプロの積み重ねがマイプロになるということを実感。

・概ねすべての生徒が１週間でしっかりとプロジェクトを立て、アクションをしてきた。１週間のアクションで成功・失敗・効果検証が不足という様々なパターンがあり、それが実際の次のプロジェクトに繋がり、探究のスパイラルが回っていることを実感しました。同時に、このちょこプロを含めたマイプロに取り組むためには学校の自前力だけでは難しいということもわかりました。外部と連携をし、生徒の学びを促進することは探究活動をはじめ、これからの教育活動全体において不可欠な要素でしょう。

■教員の外部との連携（地域・行政含む）における気づき

・外部と連携することで、視野が広がる。学校の中だけでは教員の考える範疇で生徒の学びが止まってしまう、ということが防げる。
・問いやアクションを更新するために本物に触れる機会が生まれる。その道の専門家に出会うことで知識を深めることができ、多角的な視点を増やすことができる。
・課題解決のために誰とつながればいいのかがわかる。
・提示された問いよりも、地域の中で本物の課題に触れることで問いを立てることもできるため、自分と紐づけて、その課題について考えることができる。実社会の中で自分のことを考え、自己の在り方生き方を考えることにつながる。
・同じように課題感をもっている人と議論することでお互いに成長できる。

ちょこプロを実践するフィールドは、家庭・地域・インターネット上と、学校外での展開も多くあり、周囲を巻き込んでプロジェクトが実践されていきます。このことから、外部との連携も重要な要素のひとつとなります。また、気づきの中にあげたように、外部連携で生徒・教員が得るものは多いです。毎年ちょこプロを重ねていくと、生徒の中から、自分のプロジェクトをよりよく実践するために、「会いたい人・実践したい場所」の候補があがってくることが増えました。また、1週間のちょこプロに慣れてくると、プロジェクトの実践期間を自己調整する生徒もでてきます。このような背景からよりプロジェクトを充実させるために、ちょこプロにフィールドワークを盛り込むことにも取り組んでいます。

■教員の伴走における気づき
・教員も探究するようになる。
・生徒に任せる、生徒を手放す、地域の大人に生徒を預けることで生徒の主体性が伸びる。
・探究が深まると自分から学びを深めることができる。

学びに向かう姿勢、思考力・判断力・表現力　⇕　知識・技能　の往還が生まれる。

・週１回の打ち合わせを行い、目線合わせと生徒の進捗状況の把握をすることで、全員でアイデアを持ち寄って生徒の学びに伴走することができる。

・生徒はプロジェクトに取り組むことで、教員側が用意する模範解答ではない、自分で得た学びが語れるようになる。

・答えのないことをフラットに議論することで、教員側が気づかされることがある。

・心理的安全性の確保をすることも学びを促進するための重要な要素である。

ちょこプロを繰り返すことで、私の最大の学びとなったことは、「好きなこと・やってみたいこと」からスタートするプロジェクトは、生徒自らが主体的に探究できるという点でした。自分の学びを調整しながら、１週間の見通しをもち、誰かのためにアクションしたことを生き生きと発表する生徒を見ると、学びの原点に触れたように感じました。ただ、「テーマをなんでも良い」とすると、抵抗感があることも少なくありません。その場合は「社会性」をもった活動を意識し、生徒自身も「自分のやりたいこと」と「学習の一環であること」を調整するイメージをもつとよいでしょう。具体的には、①誰かとかかわりをもつこと、②誰かに不快感を与えるものではないこと。この２点です。

ちょこプロのスタイルを教科でも生かす

本校では「地域みらい学」として学校設定教科をカリキュラムに据えています。これは5教科＋総合的な探究の時間で構成されているものです。探究のスパイラルを教科の中でも回し、教科等横断的に探究活動を連動させた学びを進めるために設定しています。①問い・課題の設定（プロジェクトの立案）→②仮説・検証・情報収集（アクション）→③整理・分析→④振り返りの中から次の問いを設定し、この4つの過程を教科にも落とし込む授業を展開しています。中でも「まちづくり探究（地歴公民）」では、実際、町として課題となっているものについて、調査やインタビュー活動を経て議論をし、行政に改善策をプレゼンしたりする授業を展開します。「ひょっこり表現島（国語）」では、方言にフォーカスを当て、方言の成り立ちや分布等に仮説をたてた上で、検証・比較のために近隣の高校にアンケートを実施したり、オンライン会議システムを利用し、関西方面の高校生や小学生にヒアリング活動を実施するなど、外部連携・異校種連携という視点も加えながら、探究的な学びを進めています。「English パスポート（英語）」では、姉妹都市を結んでいる米国、フォートブラッグ市の高校生との交流の場面を設定し、町の紹介プレゼンを作成したり、防災グッズを外国人教師と英語を使いながら作成したりするなど、教科の中でも探究的な授業展開になるよう、工夫を重ねているところです。

外部連携における外部からの視点について

■探究学習で地域と関わるって大変？

探究学習を行っていく上で地域の資源をどのように活用していくのかについて悩んでいる先生も多いかと思います。先生方からの相談でも、「探究学習の中で地域の人たちに話を聞く活動をさせたいけれど、迷惑になりそうで気後れしてしまう」とか「地域の活動に参加させても地域に使われるだけで学びがあるのだろうか」という声を聞きます。

私は普段、鈴木先生のいらっしゃる大槌高校の職員室に席を置いて、地域とのコーディネートを行う活動を令和元年度より行っています。特にちょこプロ、その発展形であるマイプロジェクトには地域との連携・協働は必要不可欠ですが、その在り方はどのようであるべきでしょうか。必ずしもコーディネーターを配置している学校ばかりではないと思いますので、私が気をつけていることをお伝えしたいと思います。

関係の質に着目する

ダニエルキム氏が提唱した成功循環モデル（下図）では、よい協働を生むために必要なことは関係の質を上げることと指摘されています。「関係の質」を上げると、チャレンジへのハードルが下がり自ら深く考えようとし「思考の質」が上がり、それぞれが主体的に行動をするようになり「行動の質」が上がり、それが自然と成果につながることで「結果の質」が上がります。また成果が上がると「関係の質」が上がるという循環へとつながります。着目すべきは、いかにして地域との関係の質を向上させるかです。

私が地域の方と関係をつくる際に大事にしているのは、質より量です。地域の方と話す際に何を話そうか気にしすぎるあまり話せなかったという経験をしたことがあります。その際に心がけている視点は、単純接触効果（ザイアンスの法則）と呼ばれる効果です。人は

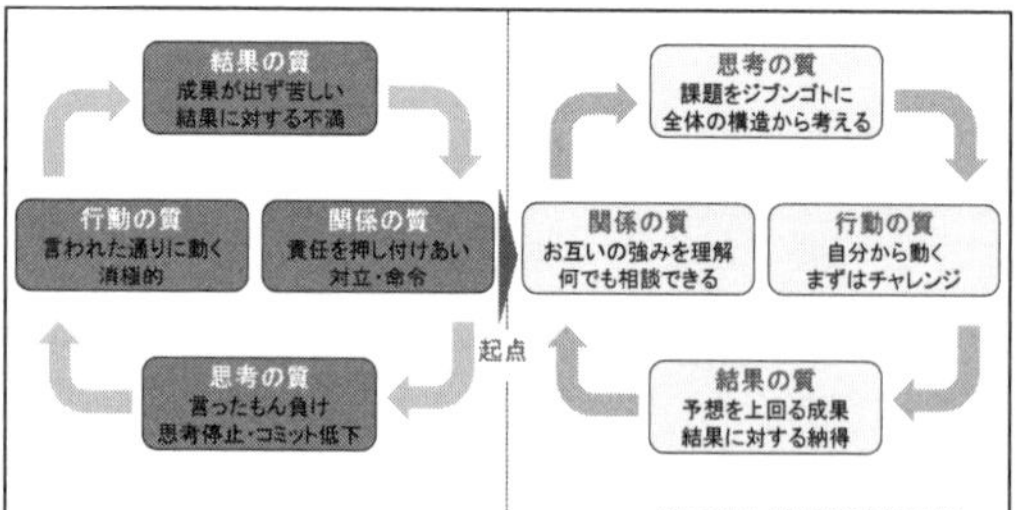

ダニエルキム「成功の循環モデル」

元々興味がなかった人でも何度も接触していると好意的な感情をもちやすくなるというものです。地域の方々と良い協働をするためには、「関係の質」を向上させる、そのためには積極的に連携相手とコミュニケーションを取ろうとすることが重要であると感じます。

生徒につけたい力を地域の方と話しておく

地域と関わる中で起こりがちなのは、地域の方が一方的に話をしてしまうことや、地域の方が先生に遠慮して力を発揮しきれない、ということです。連携を行う際、教員が事前に話すタイミングがあるのであれば、生徒につけたい力（身につけさせたい資質・能力）を地域の方にもお伝えしておくと良いです。地域の方もそのためにはどのような話し方、問いかけ方をすればよいか考えてくれます。

ただあるテーマについて話をしてほしい、インタビューさせてほしいという依頼だと地域の方も一生懸命話してくださいますが、話し方についてどのように工夫をすればよいかわかりません。依頼の際にひと工夫加えるだけで生徒たちにとっては大いに学びになる可能性があるので、試してみると良いかもしれません。

3　トップ層の育成としての探究から、裾野の拡大へ
――主体的に行動するオモロイ18歳への脱皮

大阪高等学校（元堀川高校校長）　恩田　徹
大阪高等学校　植野恵理奈

大阪高校の「探究」コース

前職（京都市立堀川高校）時代、数多くの視察に対応させていただくことを通して新たな知見を得ることができました。残念だったのが、「堀川だからできる」「うちの生徒たちでは無理」の限界設定とため息をもれ聞くことでした。しかし2017年9月実施の「探究基礎発表会」にて発表生徒をとらえて、取組の成果と課題から入学の動機まで遡って執拗に問う視察者がおられました。本校の岩本信久校長です。「うちでもやりたい、やればできる、やってないだけだ」。大阪高校で学習指導要領改訂を待たずに「探究コース」を設置して新学習指導要領を先取りしたカリキュラムを実施した原動力は、「中間層」の大化

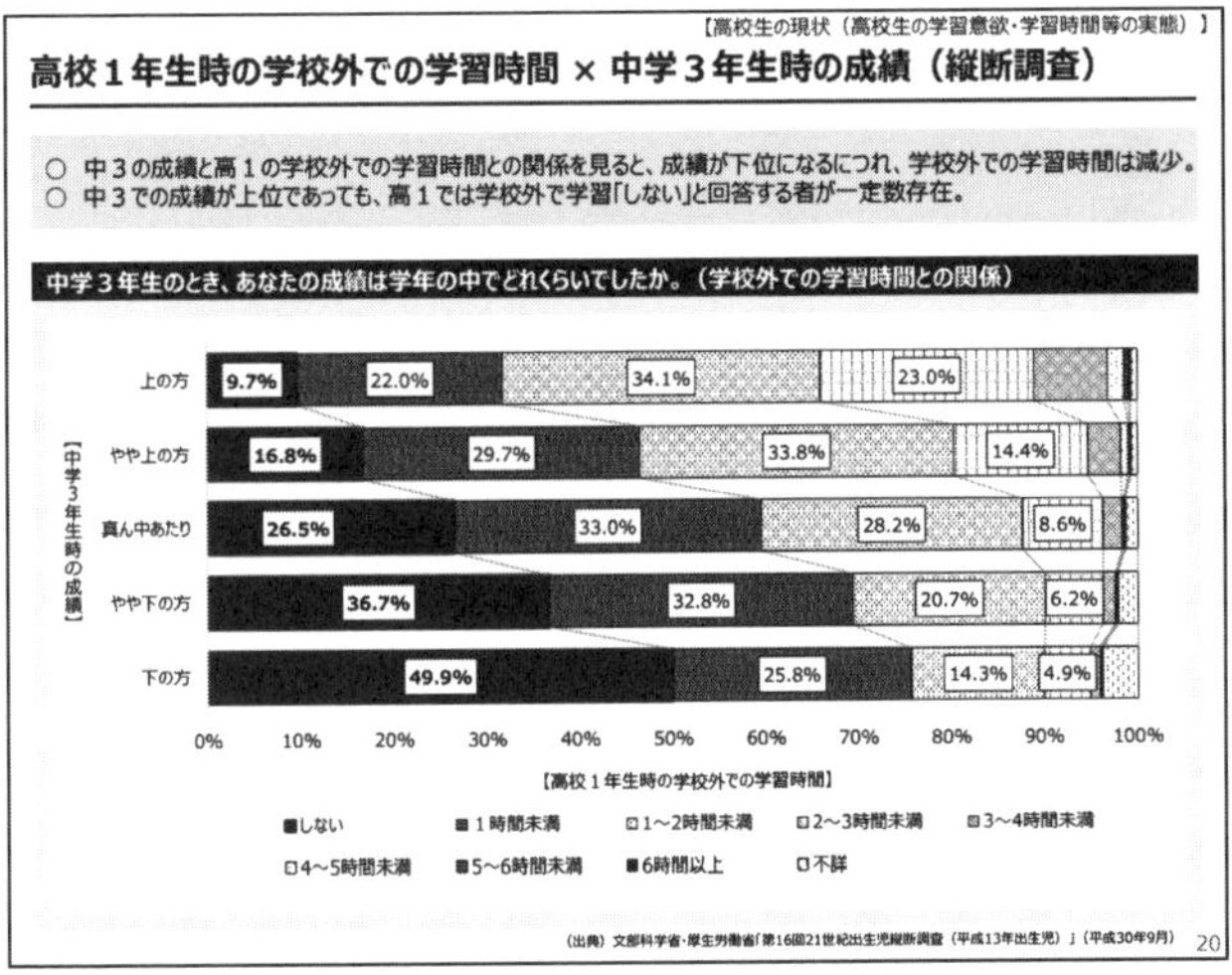

けにかける校長をはじめ教職員の志でした。

上図は「新しい時代の高等学校教育の在り方ＷＧ（審議まとめ）」の参考資料です。本校はこの分類によると「真ん中あたり」と「やや下の方」にあたります。宿題を含めた教科学習の予習、復習、進学対策など「取り組むべき課題」の目標を反映しているのでしょうか。総合学習などの好奇心に基づいた時間を超越した主体的な自学自習はどれだけ含まれているのでしょうか。そもそも学習時間とは何のためのものなのでしょうか。

次頁の図は、前職時代に参加させていただいた中央教育審議会教育課程部会「生活・総合的な学習の時間ＷＧ」で配布されて以来着目してきた資料です。生徒の自己肯定感は、「うちの生徒たちでは無理」と考える学校関係者の割合と考えるのは短絡的でしょうか。

高校卒業後の学びを考えたとき、研究手法の習得は探究活動の主たる目標の一つです。従って、本校での探究活動は、コンテンツ重視の「活動主義」に陥らないよう、論文作成をゴールにしています。しかし、アカデミック・レディネスとしての探究活動が単なる進学校の難関国公立大の総合型・学校推薦型選抜対策に矮小化されることには疑問があります。そこで特別活動として「探究HR」を2単位時間各学年に設置し、海外インターンシップ等の取組を通してキャリア・レディネスにも取り組むこととしました。

教育課程上の量は確保していただき、あとは質の向上と領空侵犯を楽しめる同僚性です。

──大阪高校の「探究の時間」

生徒の自己肯定感、社会参画に関する意識

◆米中韓の生徒に比べ、日本の生徒は、「自分には人並みの能力がある」という自尊心を持っている割合が低く、「自らの参加により社会現象が変えられるかもしれない」という意識も低い。

自分の性格評価（高校生）

（出典）[財]国立青少年教育振興機構「高校生の生活と意識に関する調査報告書」（2015年8月）より文部科学省作成

[問33-2] 私の参加により、変えてほしい社会現象が少し変えられるかもしれない

中学生　高校生

43（出典）[財]一ッ橋文芸教育振興会、[財]日本青少年研究所「中学生・高校生の生活と意識─日本・アメリカ・中国・韓国の比較─」（2009年2月）より文部科学省作成

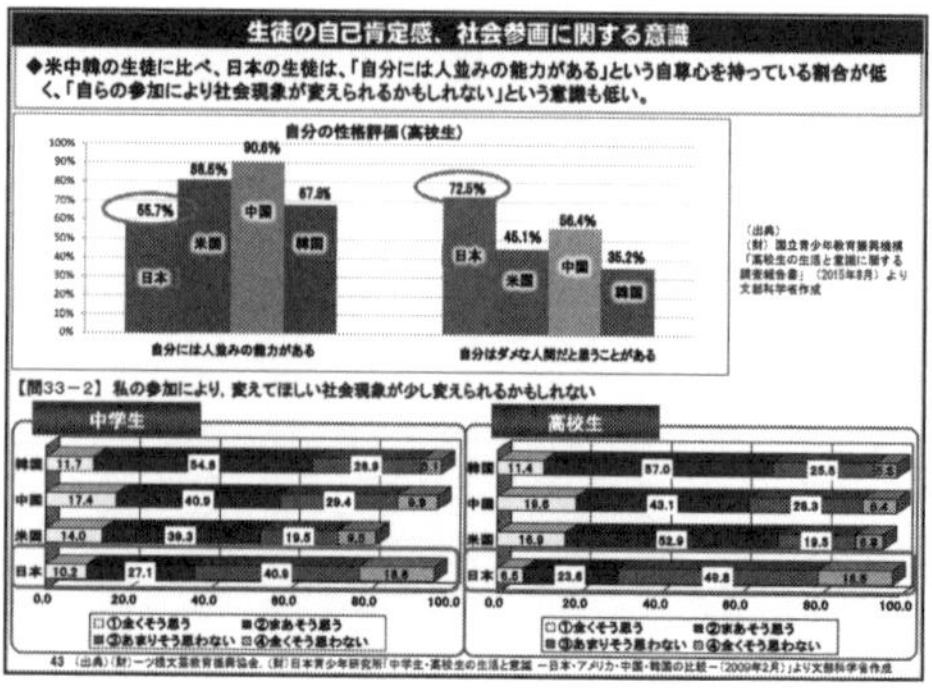

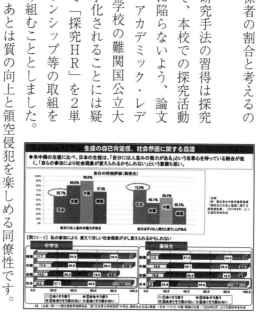

探究コースでは主体性を育むために「探究ＨＲ（特活）」や「探究ゼミ（総探）」など「探究」と名のつく時間を設置しています。一年次にはその基礎固めとして「探究基礎（総探）」を設置し、探究活動を「正解の用意されていない『問い』について、より良い『答え』を導き出す営み」と定義し、課題発見から解決の過程で必要な「考え方」の習得を目指します。主なねらいはここでの学びを二年次の「探究ゼミ」での個人探究活動に活用させることです。

これは探究コースのみに設置された授業で、週一回２コマ連続の形で始まりました。探究コース一期生においては、他教科もほとんどが２コマ連続で時間割が組まれました。これは、一回あたりの授業時間を多く取り、ひとコマでは出せない深みを出すための試みです。従来通りが通用しないので、自然と教科担当者同士は授業で試みた工夫や仕掛けを共有しました。教員個々の思いや教育観を知り、他教科への理解や教科を横断する可能性を見出すきっかけになったので、２コマ連続の試みの恩恵は大きいものでした。

教科担当者同士の繋がりは「身につけさせたい資質・能力」の共有によって強化されたと感じます。コースの立ち上げに際して共有されたものは次の通りです。

【身につけさせたい資質・能力】

①価値を見つけ生み出す感性と力、好奇心、探求・探究力【主体的に学ぶ力】

②文章や情報を正確に読み解き、対話する力【知識・技能】

③各教科等の固有の見方・考え方を働かせ、自分の頭で思考・吟味し、活用し、表現する力【思考・判断・表現】

④対話や協議を通して、知識やアイデアを共有し、新しい解や納得解を生み出す力【思考・判断・表現】

教科担当者らはこの文言を拠り所に〝生徒の感性を刺激し、思考と吟味を重ね、自ら価値を見出し表現する力の定着〟を目指しました。

特に①は課題研究活動における「問い」を立てる力や、課題解決を目指す原動力になる部分だと思います。「知りたい」という好奇心なしに「問い」を立てても、生徒本人の「面白い」と思う気持ちが乗らなければ結局〝やらされ作業〟になってしまいます。生徒の好奇心をどのようにくすぐるか、あるいは生徒自身にどのように自己の興味関心に気づかせるか。そうした彼らの好奇心や興味関心にアプローチするための授業づくりは、最も面白くもあり悩ましくもありました。ここからはその実践について述べます。

授業実践例
「問い」とその効果について

一学期の中頃、「問い」を自由に共有できる集団になってほしいという思いで実施した授業を紹介します。教材は絵画です。言語情報だとどうしても〝読解力〟が求められるので、誤読への恐怖心が彼らの自由な発言を妨げると考えたからです。発言への抵抗感を極力なくすため、一見してメッセージを捉えにくい風刺画や抽象画を採用しました。授業のねらい・ねがいと手順は次の通りです。

【ねらい・ねがい】
・「問い」の共有を通して自他の視点の違いに気づかせ、違いを面白がる感性を養う。
・「問い」の共有を通して各々の見解を伝え合うことで、対象の見え方が変容することに気づかせる。

【手順】
①疑問詞や疑問文を提示しながら、「問い」の書き出し方を例示する。
②ホワイトボードに貼られた絵画を複数人で囲んで観察させ、思いつく「問い」を書き

出させる。

③グループ内で相談し「問い」の答えを考えさせる。※インターネット検索は不可

④「問い」とその答えをグループごとにホワイトボードの前で発表し、全体で共有させる。

【手順】②の様子

未解決課題の発見と解決を行う探究活動では、いかに粘り強く取り組めるかが重要だと考えています。その根気強さは、自発的に「知りたい」と感じてこそ生まれるものでしょう。そこで、「おや？」という違和感や「知りたい」気持ちを引き出すために、一見して

〝どんちんかん〟な絵画を用いました。絵画のどこに着目し、意味を見出し感動するかは人によって異なり、それが当然であることが生徒たちの疑問を口にすることへの抵抗感をなくしてくれたと思います。

彼らの反応を見ても、自身の疑問や思いつきを言葉にすることを楽しんでいる様子でした。各々の着眼点が異なるので、発見を伝え合えば合うほど絵画の解釈が広がる面白さがあったようです。また、ひとつの絵画を囲んで同じホワイトボードに意見を書き出したことで、自分も含めた仲間の疑問や意見が可視化され、共感が生まれやすい空間になったようにも思います。ホワイトボードは書き込みでいっぱいになり、休み時間になっても生徒たちは絵画の前で意見を交わし続けている様子でした。他者の顔色に敏感な生徒たちにとって、モノに「問い」を投げかけるワークは他人の顔色をうかがわなくて良い点でも、取り組みやすかったのかもしれません。

授業後には、「今日タブレット使わんかった！　めっちゃ頭使った！」と興奮気味に話す生徒の姿が見られました。調査活動をせず観察に徹したことで、「自力で考えた」という実感をもたせられたのだと思います。

この授業は生徒たちにとって強く印象に残ったようで、一学期終了時に実施した「ふりかえりの会」でのふりかえりシートには、次のような言葉が並んでいました。授業者の意図が伝わっていることがうかがえたので一部を引用して紹介します。

【ふりかえりシート一部引用】

・「この授業を受けてから、できるだけ問いを立てて質問するようにしている」
・「質問やツッコミをすることによって、クリティカルシンキングをとても深めることができた。質問を言葉にすることが多くなった!」
・「様々な考えが絵画を見て思い浮かんでとても楽しかった。人によって解釈が違い、面白いと思った」
・「質問の魔力について考えるようになりました。」
・「人によって明らかに感じ方が違って面白かった。同時に自分と人の言葉の意味の認識の違いについて気になった」

質問する・されることへの抵抗感を払拭するだけでなく、違いを面白がれる感性の芽生えも同時に見て取れます。自分が面白いと感じたこと、心に引っかかったことを何でも発信してよいという安心感を得られたということでもあると思います。

このふりかえりシートから得た気づきはこれだけでなく、授業者としてどのような思いで授業を進めてきたのか、進めて行きたいのかが具体化されるように感じました。授業での学びを明瞭に記憶してほしいという思いよりも、生徒たちにとって、発見を仲間と共有したことが喜びとして記憶されていてほしいという思いの方が強いという、自身の教育観を再発見する機会ともなりました。同じ時間と空間を共有する仲間と、その時の発見をその時に共有し「面白さ」の広がりと共有が起きるような「喜びの共有」ができてこそ、教室に集まり、ともに学ぶ価値があるのだと信じ、挑戦を続けます。

蛹化と脱皮

今後、「真ん中あたり」「やや下の方」の高校が進む方向は、大学の進学実績を少しでも向上させること以外に生き残る道はないのでしょうか。一方で、個別最適な学習を謳い、ＰＢＬコンテンツによる「達成感のある探究」を売りにする通信制高校に取って代わられる危機感もあります。実際、Ｎ／Ｓ高（日本最大の生徒数の通信制高校　広域・単位制）でも、単純に単位のスタンプラリーだけで卒業認定するのではなく、何らかの社会的な経験も加味して保障しようとしています。

今次の学習指導要領改訂で、知識偏重からの脱却の産物として主体性評価が生まれました。その本質は学習意欲や自己調整力に止まらず、視野の広い、情熱溢れる探究心を備えた社会での適性とも言われます。複雑でジレンマを伴う課題に向き合ってこられた先達の業績に触れ、これまで他人事だった外部世界に自分事を見出してほしいと願います。

大学進学を前提に高校卒業後も生涯にわたって主体的に学び続けるための研究手法としての探究（アカデミック・レディネス）と、仕事を通して成長していくための探求（キャリア・レディネス）の両方に泥臭く取り組んでいきたいと考えています。目指す生徒像にある主体性とは、自学自習できることに止まらず、「関心をもった対象に責任を引き受けられる人」のことであって、社会を良くしようとする自立の力です。見出しの「脱皮」は、たとえば蛹が蝶になる劇的変化のことですが、大阪高校での探究は、青虫の蛹化を実感できるものでありたいと思います。ガツガツ食べて、ドロドロ溶解し劇的な変化に備えパワーを蓄えてほしい。蝶への脱皮を急がず、社会に出て脱皮し、羽ばたいてほしいと願っています。最後にコロナ禍で外部の方と対話出来ず悔しい思いをしていた一期生の小川宗一郎さん（現・島根大学総合理工学部）の語りを紹介します。

大阪高校探究コースで私は、「学びのめがね」を得ました。この眼鏡は、少し世界の見え方を変えてくれます。例えば、飛行機のＣＡさんはなぜ女性が多いのでしょうか。戦争はなぜなくならないのでしょうか。本当の幸せとは何でしょうか。その理由や原因には歴史的背景や科学技術、心理学や文化的側面の影響にまで及ぶかもしれません。このように身近な疑問から様々な問いを立て、より良い答えを導く、高校生にとって、予測不能な未来を乗り越えるためにまさに必要とされているツールがこの「学びのめがね」で世界を見るということであり、その道中で必要となる知識が、学校の勉強であり、授業かもしれないし、時には学校を超えた知識や経験が必要になるかもしれません。それでも、自分事から出発することによって、知識を掴み取りに行くようになり、とても多くの学びを得られたと思います。それが大阪高校探究コースでの私の成果です。現在の教育の現場では、生徒の活動の要望と教員のキャパが噛み合わずに、学校のサポートが困難なケースが多いのではないでしょうか。主体性を自燃的に生み出す機会として探究を支援したいと願っています。

京都大学でポスター発表する小川君
2022年１月18日

4 「探究」と教科の授業をつなぐ

――問いづくりを通して、自己の在り方生き方を考える

（高校・理科「化学基礎」）

東京学芸大学　藤村祐子

学校の教育目標を踏まえた単元の目標設定

探究的な学びは、これまで「総合的な学習の時間」や課題研究等で行うものと捉えられがちでしたが、すべての教科の授業において，探究的な学びを保障することの大切さが指摘されています。私は学校生活の大半を占める教科の授業を通して、生徒たちにこれから必要となる力をつけたいと改めて思い直し、日常の授業を学校の教育目標につなげることを意識して実践していました。そして、学校教育目標に加えて、「総合的な探究の時間」の目標も踏まえて単元を構想しました。また、「探究」では、「課題の設定」「問い立て」が大変重要となりますが、課題研究に関わっている教員間でもそれらは課題のひとつとし

て挙げられています。そこで、問いづくりの活動を取り入れることにしました。

単元「酸と塩基」の第２次（全12時間中の第4・5時）で酸性酸化物を扱う際、他教科でも学習してきた環境問題と関連づけて、生徒自身が主体的に問いを立てて日常生活につなげたり、自分自身の変容を認識（メタ認知）したりして、自己の在り方生き方を考えるところまで導けるような授業展開を計画しました。また、目標を「他者との対話・協働による問いづくりを通して、多様な解釈があることを理解し、自分の在り方生き方を考える」と設定しました。授業は、次のような流れです。

【前時】
酸性酸化物と環境問題とのつながりを見いだし、問いを立てる

↓

①自分が立てた問いをグループで共有する（10分）

↓

②グループで共有した問いを分類・改善する（20分）

↓

③つくり出した問いから、優先順位の高い問いを３つ選び、理由を考える（15分）

↓

④問いづくりのプロセスを振り返り、ワークシートに記入する（5分）

本時は、酸性酸化物と環境問題のつながりから立てた問いをグループで共有し、問いを分類・改善し、問いに優先順位をつけるQFT（Question Formulation Technique）ワーク（ダン・ロスステイン、ルース・サンタナ著、吉田新一朗翻訳『たった一つを変えるだけ：クラスも教師も自立する「質問づくり」』新評論2015）に取り組みました。問いに優先順位をつけた理由を考えた上で、自分自身の問いの変容を振り返る活動を行いました。

他教科を含めた既習事項を基に、環境問題に対して主体的に問いを立てることが、当事者意識を引き出し、生徒の探究的な学びを促すために効果的であると考えました。また、他者との対話を通して、多様な解釈や考え方があることを理解し、自分の変容を認識しながら、自己の在り方生き方を考えようとする学びへと導けるようデザインしました。

問いづくり（QFTワーク）を通しての生徒の問いの変容

前時では、身の回りに存在する酸性やアルカリ性の物質に着目し、酸化物の酸塩基特性を扱い、環境問題やその要因、影響について考える場面を設定しました。これらは、中学時代、生物や現代社会、保健などの他教科で様々な視点から学習しています。他教科での既習事項と結びつけるよう促し、「教科横断型」の授業展開も意識しました。その後、下図のようなマッピングを活用し、酸性酸化物と環境問題とのつながりを見出し、問いを立てる活動に入りました。生徒が立てた問いは「酸性雨はあるのに、塩基性雨は存在しないのか」「水と結合しなければ、酸性のものでも地球にとって悪いものではないのか」「地球温暖化を促進する物質は二酸化炭素以外にあるのか」「環境問題は化学反応によって起こるのか。もしそうなら、逆の化学反応で戻せるのか」といった、比較的、化学の学習内容に沿った問いが多いように感じました。

　全員のワークシートには、「自分の問い」として、５個以上の問いが並んでいました。問いを立てるための４つのルール（①できるだけたくさんの問いを出す。②話し合ったり、評価したり、答えを言ったりしない。③発言のとおりに問いを書き出す。④肯定文として出されたものを疑問形に変換する）を共有したことが影響したと思っています。事前に、ワークシートに記載された問いを基に、観点が異なる問いをつくっていたメンバー同士で、グループを形成しておきました。

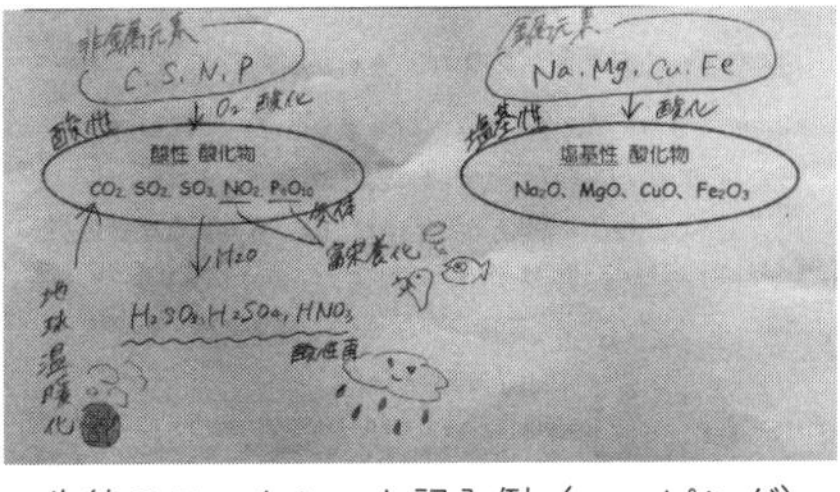

生徒のワークシート記入例（マッピング）

本時は、グループで自分の問いを共有し、「閉じた問い Close Question」と「開いた問い Open Question」、Open Question でも答えが既知の問いと答えが未知か存在しない問いに分類しました。全体で、Open Question への変換方法についての例を提示した後、グループで問いを変換していきました。改善した問いを比較しながら、それぞれの問いの価値を検討し、優先順位をつけていきます。その後、優先順位の高い問いを3つ選び、その理由を考えるよう促しました。理由を考える際には、自分たちの興味・関心、知識、価値観、グループでの話し合いが影響していることに触れました。

生徒たちがつくり出した問いは、「環境問題の原因となる気体で、家庭から発生している気体はなにか。それらの気体の発生方法は？」「地球温暖化の原因がわかっているのに、なぜ、止められないのか？」「酸性雨には、悪い面だけでなく、よい面があるのだろうか？」などが挙げられ、最初に立てた自分の問いから、大きな変容が見られました。

これらの問いを選んだ理由については、「気体の発生方法がわかれば対策も考えられる。自分たちに身近な話で、今後の生活に影響するから」「酸性雨は広範囲に影響を与えているので、酸性雨と向き合っていくには、悪い面だけではなく良い面を知っていく必要があると考えたから」と記載されていました。全体的に、「私たち」「身近な」「今後の生活」

「なぜ」「どうしたら」「興味深い」といったワードが多く見られるようになり、学習内容や環境問題を自分事として捉えて考えるようになった様子が伝わってきました。

問いづくりのプロセスを振り返って

最後に、問いづくりを通して、考えたこと、気づいたことを自分の言葉で記述させたところ、「最初に挙げた疑問は、教科的だったけど、グループで話し合う中で、自分たちの生活に深くつながっていることに気づき、身近なところへ目を向けられたのがよかった」「ひとつの問いに対して答えがわかると、またさらにそこから新たな疑問が生まれてきて面白いと感じた。これからも、自分の疑問に向き合っていきたい」「生物や保健など、化学の授業以外で得た知識を活用したり、日常生活とのつながりを意識したりして取り組むことができた」「問いを出せるだけ出してみたが、今後、調べてみることが大切だと思う。環境問題に対して、否定的に捉えるのではなく、肯定できることもあるのではないかと感じた。何に対しても、見方を変えることが重要なのではないかと考えた」「このワークを通して、人の意見と違っている部分を大切にすべきだと考えた。何が違うのかを考えることでより学びが深まると実感した。これからも『違い』を大切にしたい」「問いづくりを通して、自分が最初に考えた問いは浅いものだったが、グループのメンバーと話し合って、深めていくことができた。こういった授業を続けていけば力がつくと実感した」「答えがない問いを考えるのがとても難しかった。みんなの発表を聞いて、小学校の道徳のように、人の内面や行動、生活に目を向けて考えればよかったのかと気づいた」「問いの変容から、自分の考え方の傾向や大切にしていることがわかった」等の記載が見られました。授業デザインの際、目標達成に向けて、私自身が大切にしたところが、生徒たちにしっかり伝わっていたことが実感できました。ワークシートにねらいや目標と評価基準（ルーブリック）を明示し、導入段階で、「何を目指すのか」「どうなってほしいのか」を共有、常に確認し合いながら展開したことが効果的だったのではないかと感じています。

公開授業の有効性を生徒とともに実感

今回の授業は、県の「学びの変革」発展プロジェクト事業の一環で、「探究の過程を重視した授業実践」として、公開授業を設定し、実践したものです。

生徒の振り返りシートには、「今回の公開授業は今までで一番人が多くて緊張したけど、グループでしっかり話し合うことができたし、先生たちにも自分たちの話を聞いてもらえて、よい授業になった」「公開授業は緊張したけど、いつも通り、みんなと協力して意見を出し合い、内容を深めることができた。いつもの倍は疲れたけど、いつも以上に楽しい授業でした」といった記載が見られました。

この授業では、自分が立てた問いを通して、自分の考えや思いを伝えたいといった雰囲気が醸成されていました。先生方も、生徒がどのような問いを立てているのか、どういった対話がなされているのか、関心をもって参観してくださったので、相乗効果的に、当事者意識をもつことにつながり、問いが自分事化していったと感じています。事後協議では、生徒が導いた問いを今後どのように扱っていくかについて議論しました。私自身、チャレンジはしてみたものの、今後どのように生徒の問いを活かすか迷っていましたので、悩みを共有でき、今後の授業改善につながる良い学びの機会となりました。

公開授業の様子

高等学校における授業研究のススメ

探究的な学びの実現を目指した授業改善に向けては、学校全体で組織的に、授業研究に取り組むことが必要で、さらに、授業研究を通じた教員の力量形成が、今後一層重要になってくると考えています。各教科の授業を通して、どういった資質・能力の育成を目指すべきなのかを学校の教育目標を踏まえて問い直し、授業の在り方の変容に迫るためには、教師が学び合い、協働的に授業を創り上げていく授業研究が効果的だと思います。

授業研究は、①目標・研究主題の設定、②学習指導案の作成・検討、③研究授業の実施、④研究協議会の実施、⑤反省・総括の5段階からなる一連の活動です。高等学校では、当日に学習指導案を見て、授業を参観し、事後協議で感想を言い合うだけで、授業者のみの学びで終わってしまうことは少なくありません。授業研究で大切なのは①の段階で、日頃の悩みや課題から、「どんな授業をつくりたいのか」「生徒にどのような力をつけたいのか」という思いを教員間で共有し、共通の「問い」を出発点として、研究授業の目標・テーマを設定するところです。授業研究の推進は、教員自身であり、教員が互いに学び合う関係性が重要となります。校内の教員だけでなく、学校を越えて、時には教科を越えて集まった教員同士が対話により、「問い」を見出し、ひとつの授業を創り上げる過程、実践後は、みんなで省察し、それぞれの授業改善につなげていく過程が、つまり授業研究自体が、教員にとって探究的な学びとなるのではないでしょうか。

授業研究に取り組んだ教員がそれぞれ新しい仲間を集め、授業研究のサイクルを繰り返すことで、実践コミュニティがどんどん拡がっていきます。仲間とともに授業づくりを楽しみながら成長し合える、理想的で、かつ持続可能な実践コミュニティが創出されていくことを考えると、ワクワクします。

ポイント！

・生徒たちに「こうなってほしい」といった願いや目標を設定し、教員間や生徒と共有。
・生徒とともに学びのプロセスを振り返り、即座にフィードバックを。
・生徒とともに教員も、ワクワクできることこそが「探究」。
・探究的な学びの実現に向けた「授業研究」そのものが、教員にとっての「探究」。

5　探究×教科の基礎
――教科書を読む授業で探究する力の基礎を育てる

（高校・数学）

立命館宇治中学・高等学校　酒井淳平

数学の授業における探究

教科の授業における探究というと大がかりで特別な授業をイメージされることが多いです。

一方で各教科には扱うべきコンテンツがあり、時間の余裕はそれほどありません。高等学校では数学は特に時間の余裕がない教科です。

また総合的な探究の時間（または理数探究）を考えても、課題研究のテーマを数学にして、生徒が新しい定理などを発見することへのハードルは高いです。実際、スーパーサイエンスハイスクールで取り組まれている課題研究でも数学をテーマとしたものは多くありません。

しかし数学の授業においても探究を引き出すことは大切です。大学入学共通テストでは、生徒が探究している姿を会話文という形で問題にしています。これも、数学の授業における探究を大切にしてほしいというメッセージでしょう。

たとえば各章の最後に、その章で学習した内容を活用するような授業を実施することは可能です。これは基礎の定着という点からも、思考力・判断力・表現力を育てる点からも重要です。

また、数時間に一度ならば、生徒が別解を探究したり、定理の別証明を考えたりする時間を取れるかもしれません。

これは生徒が数学者と同じことを部分的に授業で実施することになります。数学者は日々数学を探究していますし、そもそも現在の数学は過去の数学者の探究の成果です。このような時間を確保することは大切です。

いずれにしても教科の授業における探究を考えるときに、毎回の授業でできるような取り組みなのか、月に一度くらいならできる取り組みなのかを整理する必要があります。

数学の授業において実施可能な探究を整理すると次項の表のようになるのではないでし

ょうか。本節では特に「教科書を読む」ことに焦点を当てて、実践を報告します。

生徒が教科書を読めないことに気づく

私事ですが、ある会社の教科書執筆に関わらせていただきました。その時強く思ったのは「教科書は学習者のことも教師のことも考えてつくられている」ということです。

しかし生徒も私たち教員も教科書を大切にして、しっかり読んでいるでしょうか。

同僚の小竹先生（物理）は、生徒が教科書の太字ばかりを目で追っているということを指摘され、そうした実態から教科書を一緒に精読するというスタイルで授業をされています。

小竹先生は特に年度初めの1学期は、標準指導時間数より

内容	頻度
教科書を読む	毎時間可能
周知の定理（問題）の周辺を洗う ・一般化を考える　・別解を考える ・前提を考える ・よりよい定理（問題）にする	数時間に１回程度なら可能
学習したことを活用する	単元ごとに１回なら可能
未解決問題を理解する	がんばって年に数回

もはるかに多くの時間をかけて生徒が教科書を読む時間を確保して授業を進められます。しかし生徒が教科書を読めるようになってくると、結果的に進度を早くしても大丈夫になり（生徒が自分で学習できるようになる）、最終的には学習すべきことはしっかり学習して１年間が終わります。

生徒が教科書の太字ばかり目で追っているというのは、太字を定理や公式と考えれば、数学でもまったく同じことが言えるのではないでしょうか。

私は数年前に、わからない問題を質問に来る生徒が解答をしっかり読まずに数字や式だけを追っていることに気づきました。その生徒に解答を使って、「ここからここはわかる？」というように順を追って聞いていくと、生徒はほとんど自分で理解したのです。結果的に私から教えることはほとんどありませんでした。

「私はもしかしたら生徒が読む力を奪っていたのかもしれない」と思った瞬間でした。おそらくそういう生徒は昔からいたのですが、私が生徒の質問に対して、自分なりにわかりやすく教えようとしていたため気づかなかったのでしょう。

これを機に私は授業のスタイルを少しずつ変更していきました。このことについては『高等学校新学習指導要領　数学の授業づくり』（明治図書）にも書いています。

実際の授業例

たとえば数学Ⅰ「図形と計量」で三角形の面積を扱う授業は下の表のように進めます。

もちろん授業進度や発問、扱う問題は生徒の実態によって大きく異なるのですが、ポイントは教員が正しい答えを板書し、それを生徒が写すだけという時間をカットしているところで

進行	教員の指導など	生徒の学習	留意点／主な発問
小テスト（10分）			
導入（3分）	面積についての話	本時の課題を理解	高さはわからないが、角度はわかるというのはよくあるということを強調
面積公式（7分）	教科書を読み公式を導く	個人→ペア 公式メモ	「3つあるが実は1つでよい。なぜ？」
公式適用（3分）	教科書の問題	個人	
3辺の長さ→面積／説明（5分）	教科書を一緒に読みながら、生徒が理解できるようサポート	教科書を読む。発問に対しては個人→ペア→全体が基本	「なぜ余弦定理？」「なぜsinがわかる？」「どこがポイント？」
演習（15分）	(1) 教科書の問題 (2) 問題集または節末か章末の問題	個人演習→ペアで確認。個人演習の際は教科書を見てもよい。	
ふりかえりなど			

す。

その時間に生徒は教科書を読み、その後に教員の発問を考えることでさらに教科書を読みます。教員の発問に対してはペアで言語化しているところも重要なポイントです。個人差を少しでも埋めるという意図もありますが、言語化することで自分の理解度がわかります。

ふりかえりでは、個人で本時の授業でわかったところや大切だと思った考え方を書きます。この時間を宿題に取り組む時間にしたり、ふりかえりプリントに演習問題を入れたりすることも考えられます。自分で授業をふりかえり何らかの形でアウトプットするということが大切です。

探究的な学習を進めるにあたって、自分で何かを読むというのは大切な土台になります。

そして教科書を読む力が育てば、生徒は自分で学習を進めることができるようになります。

授業のポイント

「教科書を読みなさい」という指示をすれば生徒が教科書を読むわけではありません。教科書を読む授業を実施する際に私が意識しているポイントは3つあります。

一つ目は発問です。教科書を読んだ後で、ここを考えてほしい、ここをしっかり読んでほしいというところを問いかけるのです。

私たちも生徒も、一度流し読みしてわかった気になっているけど、実はわかっていないということは多いです。大事なところを読み流しているときもあるでしょう。生徒が理解できているか確認するためにも、大事なところを再度確認するためにも、大事なのは発問なのです。

特に大事な発問は「これはなぜ？」「なぜこのように考える？」「関連するのはどこのページ？」の3つです。

解答を読む際に「これはなぜ」と聞くことで理解度が確認できます。

また「なぜこのように考える」は大事な発問です。たとえば教員にとって、余弦定理→

三角比の相互関係→面積公式の流れは自然ですが、生徒にとってはそうではありません。そのため「なぜこのように考えるのか」を問わないと、「３辺の長さがわかっているときは余弦定理」のような暗記をしようとする生徒が出てきます。

そして「関連するのはどこのページ?」は、復習や学んだことを理解させるのに最適な発問です。かつて学んだことを忘れていた生徒もここで復習すれば、学習内容はより定着します。

２つ目は生徒をよく見ることです。

cos から sin を求めることは、ある学校の生徒には聞くまでもない（全員がわかっている）質問で、ある学校の生徒には難問です。どのような発問をすると生徒がより教科書を読み込むのか、ここは普段生徒と接しているからこそわかることなのです。

３つ目がバリエーションです。

人は同じことばかりすると、どうしても飽きてしまいます。教科書を読む際も同じです。「教員の発問→ペアで考える→全体で確認」を基本のパターンとするのはいいでしょう。しかし、ときには教員が前に発問を書き、「今から●分あげるから、４人グループで全員が例○と問○ができるようになってほしい」とすることがあってもいいでしょう。授業においてバリエーションをもたせることは大切です。

「教科書を読む」効果と課題

探究的な学習を進めるにあたって、自分で何かを読むというのは大切なプロセスです。また自分で何かを読む際に問いを持ちながら読むことも大切です。このように考えると教科書を読む力は探究的な学びの大切な土台になり、そうした力を育てる学びは生徒の探究を引き出すという点で大切だと思います。何より、教えてもらって理解するのではなく、自分で理解するという姿勢は、大変重要なことです。

生徒が教科書を読む力を育てることを重視する授業を実施するようになってから、「全部わからない」と答えをこちらに見せる生徒がいなくなり、「ここからここがなぜかわからない」という質問をするようになってきました。

一方で課題もあります。最も大きな課題は生徒の個人差や生徒の理解度の把握です。

生徒が教科書を読んでいる時間は、その生徒がどの程度理解しているかの把握が極めて困難になります。また教科書を読んだ時の理解度の差はかなり大きくなるというのが授業しての実感です。そのため教科書を読むのが苦手な生徒ほど、一人で読むときは適当に読み流し、ペアや教員に教えてもらって読んだつもりになるということが起こりえます。
もちろんすべての生徒と1対1で対応し、その生徒に合わせてこちらが発問していくということができれば、個人差には対応できるのでしょうが、授業は40人の生徒を相手にします。すべての生徒が教科書を読む力を育てるために、どのように工夫していけばいいか、教師側の探究も続きます。

ポイント！

・発問によって生徒が教科書を読み自分で理解していく。
・教科書を読む力は探究の土台として重要。

6　歴史教育と探究活動

――共に学び、共に成長するために必要なこととは

（高校・世界史）

大阪府立東高等学校　田中愛子

探究推進部の発足

２０２１年４月、本校では「総合的な探究の時間」の授業を中心として探究活動を深化させるため、探究推進部が発足しました。私は長年、進路指導部でキャリア教育に携わっていたこともあって、発足当時から部長のポストに就くことになりました。しかし、探究活動といっても正直、何を、どのようにしたらよいのかが不明瞭だったため、４月から探究活動を進める自信は皆無でした。新しく始まる「総合的な探究の時間」を単なる調べ学習から脱却させ、探究活動を通じて生徒たちが自身の生き方・在り方を考えることで、進路決定の内発的動機付けの機会にしたい、という思いだけで引き受けることにしました。

私は探究活動に対して何のビジョンもなかったため、まずは探究活動に造詣の深い方々に話を伺い、さらにその方から別の方を紹介していただきながら、授業を進めるたびに湧き上がる疑問や障壁への対応についての助言をいただきました。また、探究活動に関する研修会があれば、オンライン、対面どちらとも参加しました。その内容を活用して、「総合的な探究の時間」のカリキュラムを進めながらブラッシュアップし、なんとか次につなげる一年間を探究推進部のメンバーとともに乗り切ったというのが本音です。

探究活動を分掌中心に進める最大のメリットは、個人ではなく組織で動けることです。さらに勤務校では、図書、視聴覚を統合して再編されたこともあり、探究活動を各部署の強みを生かして有機的に進めることができました。また、リーダーを任された人がすべてを背負うのではなく、チームでサポートしながら探究活動を進めることができるのは、皆で探究活動を創り上げていくという実感があり、純粋に楽しいものです。

探究活動を進めるにあたり、指導担当者は精神的に負担を感じています。生徒の興味・関心を引き出せるのかどうか、テーマ設定はこれでいいのか、課題設定は浅くないか、どんな問いかけをすれば活動が深化するのか、検証方法は的確なのだろうか…。そもそも、先生にとって探究活動をすることにどんなメリットがあるのか、果たして探究活動で生徒の学力は向上するのかという不安もあります。2021年度末の勤務校1・2年生を対象としたアンケート調査では、探究活動を進めることで、コミュニケーション力や発想力、論理的思考力は向上すると生徒たちは実感していました。とはいえ、探究活動だけで生徒の資質・能力は向上すると断言することは難しいです。やはり各教科の授業や特別活動など、あらゆる場面で応用されてこそ、相乗効果をもたらし、資質・能力が定着したと誰にとっても実感できます。そして先生にとっては、授業で活用できてようやく、探究活動に取り組むメリットを実感するのではないでしょうか。そう考え、私は2021年度から、探究活動の視点・手法を教科指導へ、積極的に取り入れることにも挑戦しています。

問いから始まる授業実践

私は2015年から、思考力・判断力・表現力の育成を目的に、ねらいを問いの形式にした課題設定型で授業を進めています。課題設定型授業のメリットは、授業で理解させたい概念、身につけさせたい資質・能力が授業者の中で明確になること、今回の授業内容を学ぶ理由が生徒にわかりやすいことです。そして何より、生徒にとって、問いを思考するために行う他者との対話や、対面授業の必要性が増すことだと考えています。授業の概要は次の通りです。

①問いの提示、板書プリントの作成、ペアで確認（15分程度）
↓
②解説（15～20分程度）
↓
③ペアまたはグループで小課題のQ＆A（10～15分程度）
↓
④まとめ、ふりかえり（5分程度）

実際の授業の様子について、世界史Ａ「東アジアの変容・東南アジアの変容」の「東アジアの変容②清帝国の反乱と改革」（2時）を例にして簡単に紹介します。

第1時	東アジアの変容①清帝国とその周縁地域
第2時	東アジアの変容②清帝国の反乱と改革
第3時	東アジアの変容③清と欧米のあいだに立つ日本・琉球・朝鮮
第4時	東南アジアの変容
第5時	まとめ「アジア世界はどのように植民地化されたのだろうか」

①　問いの提示、板書プリントの作成、ペアで確認

まずは、「19世紀に清帝国の国際秩序はどのように変化したのかを理解する」という問いを提示します。その際、国際秩序とは何か、変化するとはどういう状態なのかについて確認し、最後の課題記述に備えます。多くの生徒たちは概念の意味は知っていても、具体的事例から概念について説明するための手がかりがわからないからです。実際の授業では、秩序という語句をイメージできない生徒が多かったことが意外でした。

次に、生徒たちはペアになり、「アヘン戦争」「太平天国とアロー戦争」「洋務運動と富強政策」の小項目を、それぞれ教科書の本文をペアの片方が読んでから、授業プリントを完成させます。これは漢字を読まずに形だけで覚えこむのを防ぐことと、簡単な予習のためです。ただし、プリントを完成させることに注力して精読するには不十分なワークなため、教科書を読んだ後は簡単な要約をする、すでにまとめたプリントを教科書を読みこんで説明するなど、教科書を精読する工夫を試みています。

②・③　解説、ペアまたはグループで小課題のQ＆A

小項目についての内容や地図、史資料の確認を教員がした後、小項目の段階における「中国の国際秩序の変化は何か」「清帝国内の変化は何か」に解答します。この時ペアで1

つの解答を作成するよう指示することで、対話がスムーズに進みます。前時の「東アジアの変容①清帝国の国際秩序」の授業内容で取り上げた「華夷秩序と朝貢貿易」をプロジェクターに投影する、解答のキーワードを伝えるなど、正解しか書きたくない生徒たちが、自分たちで思考し、表現するよう後押しをします。「正解を書くことが大切なのではなく、今の自分たちが考えた解答を教科書や資料集を活用して書くことこそがみんなの学力をのばしてくれるよ」と、常に粘り強く伝え、励まして授業を進めています。

④　まとめ・ふりかえり

普段はねらいを問いの形式にした課題の解答を生徒が行い、学習支援クラウドサービスに入力しています。ただし今回は、小項目の解答をつなげれば課題の解答となるように設定し、課題解答の時間を今後の探究活動で導入したいと考えている一枚ポートフォリオ評価ＯＰＰＡ（One Page Portfolio Assessment）を活用した振り返りを、初めて行いました（次頁写真）。今回のＯＰＰＡでは、まずは単元を貫く問いを学習前に投げかけ、授業ごとに「今回の学びで最も大切なことを書こう」に記入します。単元が終われば、学習前と同じ問いに、各授業で書いた振り返りを活用して回答することとしました。６クラス担当している授業で、最初に実施したクラスでは、「今回の学びで最も大切なことを書こう」

の項目に半数近くの生徒が歴史事項を羅列しているだけでした。

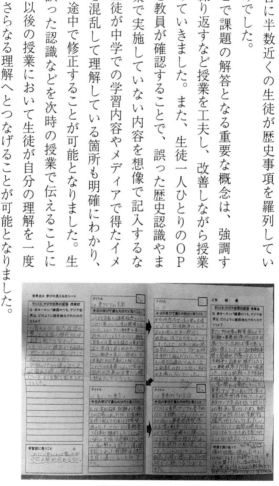

そこで課題の解答となる重要な概念は、強調する、繰り返すなど授業を工夫し、改善しながら授業を進めていきました。また、生徒一人ひとりのOPPAを教員が確認することで、誤った歴史認識やまだ授業で実施していない内容を想像で記入するなど、生徒が中学での学習内容やメディアで得たイメージを混乱して理解している箇所も明確にわかり、単元の途中で修正することが可能となりました。生徒の誤った認識などを次時の授業で伝えることにより、以後の授業において生徒が自分の理解を一度疑い、さらなる理解へとつなげることが可能となりました。

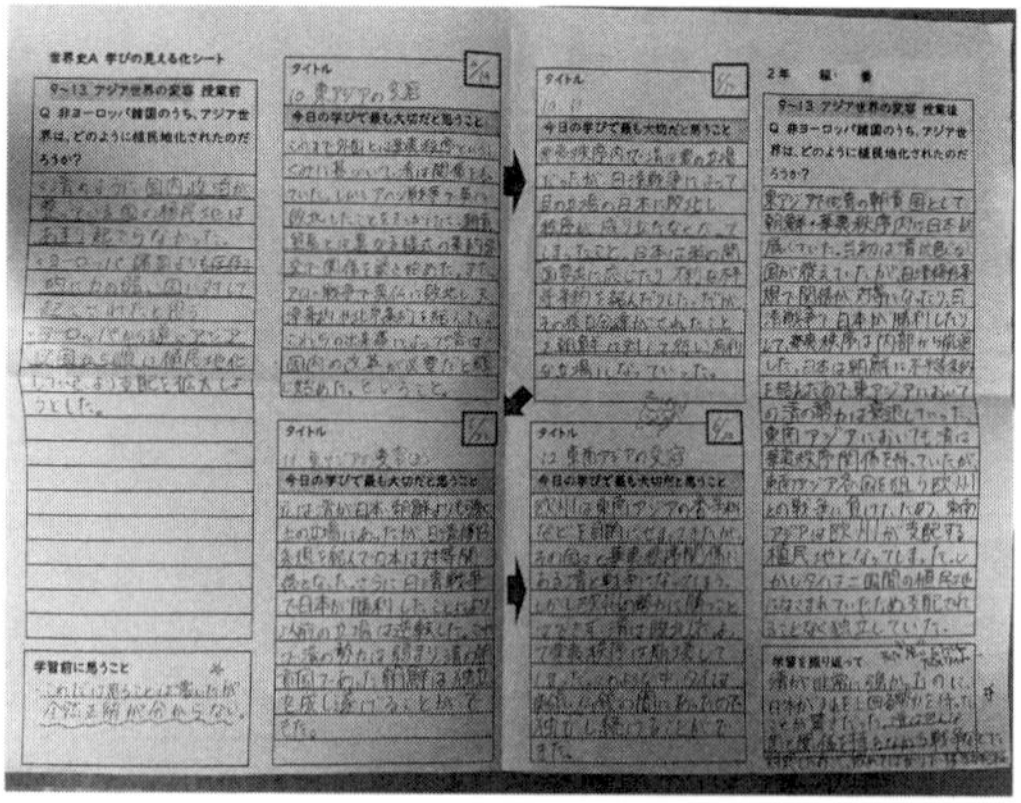

1枚ポートフォリオ評価

ちなみに第5時でまとめとしてOPPAに記述する時間をとったことが、生徒が複雑な歴史を整理するのに一役買ったようでした。「学習を振り返って」では、「複雑に思える内容も、文章で整理することで、流れを理解することができた」というコメントが見られました。また定期考査の振り返りでも、「見える化シート（ＯＰＰＡ）で整理することで流れをつかむことができ、記述問題を書くことができた」というコメントがありました。同じ時間軸において多元的に歴史が展開する世界史の授業に関しては特に、教員の説明だけではなく、生徒自身が授業内容を整理する振り返りの時間が必要だということを痛感した取り組みとなりました。

もちろん、ＯＰＰＡに思うように表現することができなかった生徒も散見されており、生徒がフィードバックをより効果的に行う方法を検討する必要があるとも感じています。

課題設定型授業の先に

問いから始まる授業にしようと思ったきっかけは、どんなに視覚教材を駆使しても、講義のみで生徒の資質・能力を向上させることに限界を感じていたからです。生徒にとって興味・関心がない課題を与えられても、自分ごととして受けとめにくいはずです。現在は問いに取り組むため、板書プリントを作成して授業展開の効率化を図っていますが、深い学びを促すためには、この在り方も見直しが必要と考えています。

これらの課題を解決するためにも、今後はさらに探究活動とリンクさせて授業を進めていくのが望ましいと感じています。生徒によるマインドマップやコンセンサスマップを活用したインプット、問いづくりメソッド「ＱＦＴ（question formulation technique）」による理解の深化や課題の設定、ＯＰＰＡによる振り返り…。探究活動でも取り組まれている多様な手法を活用し、対話を中心とした授業デザインを進めることで、生徒が主語になる学びが可能となり、身に付けさせたい資質・能力も明確になるはずです。

教員としては、取り組み自体が「はじめまして」の連続で、常に学びと挑戦の連続となり、未知の取り組みがうまく進められるか、想定される効果があるのか不安になるでしょう。しかし生徒は意外とそんな教員と共に学ぶのを楽しんでいるように現在は感じています。

未来の架け橋となる教育のために教員は、目標のためにチャレンジし、失敗しても踏ん張って、再チャレンジする姿を見せることこそが、生徒にとっては失敗しても学校が受けとめてくれると感じる、安全安心の場づくりになるのかもしれません。その中で、生徒の方が器用に取り組み、教員が助けてもらう中で学ぶこともあるはずです。教員と生徒が共に学び合う場づくりが、共に成長するためには必要なのではないでしょうか。

ポイント！

・多様なコミュニティや人々とかかわることが、教員の視野を広げ、学びを深める。
・「総合的な探究の時間」は分掌を中心に組織的に進めるほうが教員同士の対話によって活動内容も深まり、メンバーみんなで創りあげていると実感でき、純粋に楽しい。
・探究の手法を教科に落とし込むことこそ、探究を行うメリットが周りの先生に伝わりやすい。また教科で応用してこそ、生徒に探究活動が定着し、資質・能力の向上につながる。
・初めての取り組みは上手くいかないかも知れないが、目標達成のためには先生がとにかくやってみること。失敗しても踏ん張って、再チャレンジする姿を見せることで、生徒にとって学校は失敗しても受け止めてくれると感じ、安全安心の場になる。

7 「文学」×「学問」

――文学作品読解×地域を超えた学びで探究的視座を育てる

立命館宇治中学校・高等学校　稲垣桃子
宮城県立仙台第三高等学校　佐々木遥子

「探究なんて」と思っていた（稲垣）

新科目づくりを頼まれたとき、「『探究』を主軸に置いた授業にしよう」とは全く思っていませんでした。それは、私自身が口では「たくさんの文章を読み、思考を広げることが国語の授業の本分だ」と言いながら、心のどこかでは「問題を解くこと」「テストで点数が取れる力」にこだわり、教員が提供する問題に対して生徒が答えを導き出せるように道筋をつくることが「授業」だと考えていたからです。

そんな中で2019年度に始まったのが「文学総合」でした。当初は、「古典作品から現代作品に至るまで様々な作品を読み、それに対する意見文を作成する」という授業でしたが、ある授業を見学したことをきっかけに、2年目以降は「文学『を』学ぶ授業ではなく、文学『で』学ぶ授業にしたい」という思いのもと、「探究」を授業の主軸に置き、文学作品を素材として、自ら問いを立て、資料を検索し、その内容を作品の記述とからめながら自らの答えを導き出していく、という授業スタイルになりました。様々な試行錯誤をするなかでたどり着いたのが、「文学×学問」という授業テーマでした。２０２１年度からは仙台第三高等学校との交流も行っています。

共同して進める「文学×学問」の授業（稲垣・佐々木）

この授業は、文学作品を一つ選び、関係する論文を読むことを通じて、自ら立てた問いに対する答えを導き出すというものです。本単元の中でポイントとなる〈問い立て〉〈発表〉で相互交流を行うことで、多様な視点に触れさせ、深い学びとなるようにデザインしました。また、この単元は、進路指導としての側面もあったため、生徒たちは学問を調べ、文学作品をその学問視点でどのように捉えることができるかを考えました。仙台三高と月に一度実施するリモート打ち合わせによって授業の枠組みを決めました。

【立命館宇治】			【仙台第三】
ガイダンス 問いを立てる練習	1		
下調べ （あらすじ・学問調べ）	2		
問い立て	3	1	ガイダンス 問いを立てる練習 ※立宇治の教員による
	4	2	下調べ
	5		
プロットシート	6	3	問いを立てる・調べる事項の確認
	7		
問いのブラッシュアップ（交流）			
レポート作成	8	5	調べる・まとめる
	9		
ポスター作成	10	6	
	11	7	
ポスター発表（交流）			

授業の概要

授業での教師の役割（稲垣・佐々木）

授業中、教員は生徒と対話を繰り返しながら生徒たちの学びたいことを尊重し、否定する声掛けはしませんでした。毎時間の授業では進捗状況を確認したり、生徒たちが行き詰った際に別な視点を与えたりすることに重きを置き、「伴走者」として生徒に寄り添い、あくまでも生徒が問いを立て、その答えを考え出すサポートに徹しました。生徒たちは、次のような成果物を作成しました。上は仙台三高の生徒が、下は立命館宇治の生徒がそれぞれ作成したものです。

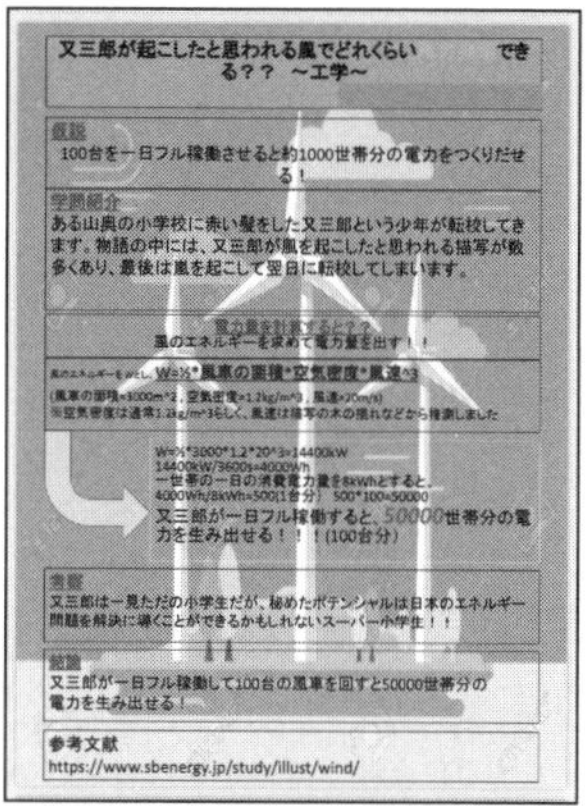

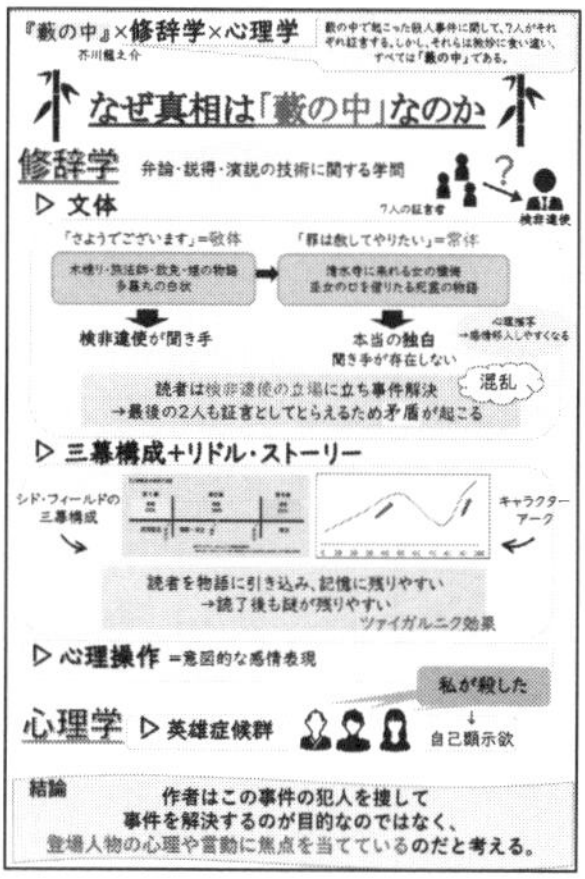

交流による効果とは？（佐々木）

交流授業を実施したことでどのような効果があったかを分析するために、ポスター発表交流授業後に交流授業のねらいに対しての生徒への質問紙調査を行いました。

分析1　6項目におけるt検定（対象　立命館宇治高校の交流授業を行ったクラスと行っていないクラス間）

結果　「文学作品を文学作品以外の視点で考える力がついてきている」「文学作品への興味が深まってきている」に有意な傾向が見られました。交流し、理解し合うことで、文学以外の視点で考える力や興味・関心を深め合うことができた可能性があります。

分析2　KHCoderによる自由記述からの語彙抽出（対象　立命館宇治高校と仙台第三高校の交流授業を実施したクラス間）【表1・表2】

結果　「視点」「視野」「面白い」「楽しい」「深い」という言葉が多いことがわかります。このことから、交流の主目的だった〈新たな視点を得る〉ことが

名詞		サ変名詞		形容動詞		動詞		形容詞	
自分	23	交流	28	新鮮	5	思う	29	難しい	11
文学	19	学問	22	有意義	5	考える	19	面白い	11
作品	17	発表	16			読む	13	楽しい	7
他校	14	活動	14			違う	10	深い	6
視点	11	経験	8			知る	10		
ポスター	9	探究	7			聞く	10		
考え	6	理解	7			見る	9		
物語	6	探求	6			感じる	6		
問い	6	意見	5			絡める	6		
視野	5	質問	5			出来る	5		
						進める	5		
						立てる	5		

【表1】自由記述からの語彙抽出

達成されたとともに、生徒たちにとって楽しい学びの場となったと思われます。

教員の授業観の変化

■仙台第三高等学校　佐々木遥子

この1年間は常に手探りの日々となりました。私のように、教科指導の中に探究を取り入れたことがない教員は全国にまだ数多くいらっしゃると思います。

探究的授業を大々的に取り扱わないのは、「大学入試で戦える学力を伸ばすことにつながるのか」という疑念も理由の一つとなっているのではないでしょうか。本校もいわゆる進学校ですので、教科指導にはどうしても「大学受験で高得点を取れる授業」であることが求められます。そうした中で「8時間もの時間をかけて〝国語としての読み方を教えない授業〟を国語の時間で実施する意義」について他教員に問われてしまうこともありました。たしかに、今

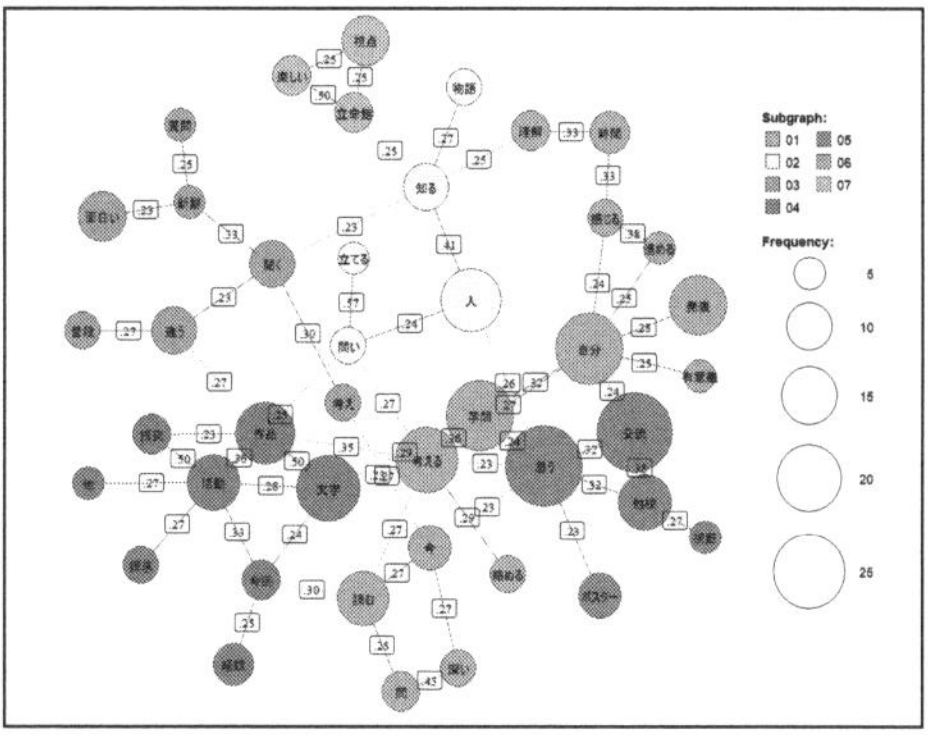

【表2】共起ネットワークによる共通語彙分析

回の授業では、文学作品は素材の一つに過ぎません。国語としての要素は端から見ると、その作品そのものしかないでしょう。しかし、そこから学問に結びつけ、自ら検証することは、国語を含めたあらゆる教科に通ずる学びといえるのではないでしょうか。

実際、生徒に「仮説」→「考察」→「結論」の論理を理解させたり、発表に対する効果的な質問方法を教えたりしたことで、生徒たちの学びの姿勢は大きく変わりました。

大学受験に挑むにも、日々何かを学ぶにも、その根幹には「学習意欲」や「多様なものの見方」が必要不可欠です。それらを育むために、各教科で「素材」を提供し、生徒が自分の興味関心に合わせて探究するのは、非常に有意義だと考えます。

私自身、これまで、現代文の授業では統一した評論文や資料を与えてきました。個別の題材にしてしまうと、相互理解が得られず、深い学びにならないと考えていたからです。

しかし、一人ひとりが異なる題材であっても、手立てを工夫することにより、統一教材では得られない深い学びがあることを、今回の授業を通じて学ぶことができました。普段現代文に対して苦手意識のある生徒も、意欲的に文学作品を熟読する姿が見られました。これも、個に応じた学びを提供したから得られた成果だと思います。

また、この授業を実践するにあたり、改めて多くの教員を巻き込んで試行錯誤することの重要性を知りました。国語科だけではなく、数学科、理科、社会科、そして探究担当の先輩教員からの助言は、他ならぬ私自身にとっての「深い学び」となりました。そして、探究的な学びを教科に取り入れることで、「教科」と「社会」のつながりをより感じられるようになりました。

教員として生徒たちの通常の教科指導以上に手立てを考えるので、若手教員としては勉強になることばかりです。教科内での探究的な学習は、ぜひ若手教員から全体を巻き込んで始めてみてはいかがでしょうか。

■立命館宇治中学校・高等学校　稲垣桃子

「知識の伝達」型の授業を行っていた際には、「いかにわかりやすく、生徒に伝えるか」を重視していました。先に述べたように、教員が提供する問題に対して「生徒が答えを正しく導き出せること」が、「思考すること」だと考えていたからです。また、「探究」や「生徒主体」という言葉は、ともすると、「放任主義」と捉えられることがあり、そこも私が「探究」を敬遠していた理由でした。過去の私のように、「『探究』なんか、生徒の学びにはつながらない」と考えている方も多いのではないでしょうか。しかし、実際にやってみると、その考えは大きく変わりました。

探究型の授業を行う際に最も重要なことは、「生徒の学びの幅を最大限引き出すためにはどうすればよいかということを考え、授業をマネジメントすること」だと考えています。例えば、今回のように「文学作品から問いを考える」場合においても、ただ「問いを立てましょう」というだけでは、文章を読んで感じた「疑問」や「質問」を書くだけで終わってしまいます。しかし、そこに「学問」というエッセンスを投入することで、生徒自身が「問い」をつくるために作品をより深く読み込むことができました。

教員は思考シート等のツールを提供したり、対話を行ったりすることを通じて、伴走者として生徒をサポートしていきます。そこには、「教師」と「生徒」という関係だけではなく、ともに一つの問いに立ち向かう「共闘者」としての関係も成り立ちます。だからこそ、生徒一人ひとりが答えを待つのではなく、自ら調べて知識を得て、作品の読み込みも積極的に行っていたと思います。

また、今回の交流では、自らの考えたことを生まれも育ちも環境も違う他者に伝えました。そのため、生徒一人ひとりが「相手にどうすれば伝わるか」を考え、話し方やボディランゲージの使い方を工夫する姿が見られました。「探究」と「交流」によって、生徒の

「考える」力は飛躍的に伸びたと感じています。

「探究」というと身構えてしまいがちではありますが、その言葉を「思考の仕方のエッセンス」程度に捉えると、途端に教科との関連性や学びのアイデアが生まれてくると思います。何事においても、「まずはやってみる」。そして、「伴走者」「共闘者」として生徒に寄り添い、教員自らが生徒とともに学びを楽しむことが「探究」においてはとても重要だと感じます。探究嫌いだった私ですが、思い切って探究を取り入れたことで授業観が変化し、学びの幅が大きく広がりました。だからこそ、何事にも挑戦しやすい若手からまずはやってみる、そして周りの先生方を巻き込んでいくことをお勧めします。

ポイント！

- まず、やってみること。教員が「伴走者」として、生徒とともに学ぶ姿勢をもつこと。
- 人とつながること。生徒も教員も他者とのつながりを通じて、自分とは異なる視点を得ることができる。

8　生徒の主体性を軸にした研究的な学び
――自分もみんなも幸せになる未来をつくる

広尾学園中学校高等学校　木村健太
広尾学園中学校高等学校　堀内陽介

学校は未来をつくる場所

広尾学園 医進・サイエンスコース（以下、医サイ）では「学校とは何か」という思いが共有されています。ＯＥＣＤの Learning Framework 2030 にもとづき、教育とは、「個人も社会も〔Individual & Societal〕幸せになる〔Well-Being〕方向に向かうこと」、つまり、「自分もみんなも幸せになる未来について考えること」であり、学校とは、「未来をつくる場所である」と定義しているのです。そしてそのためには、多様な社会の中で対立を乗り越え〔Reconciling tensions & dilemmas〕、責任をもって〔Taking responsibility〕、新たな価値を生み出していく〔Creating new value〕必要があり、それらを実現するための手段として、探究（研究活動）に取り組んでいるのです。

研究活動は、研究指導を担当する各教員の専門をもとに設定された「幹細胞」「環境化学」「植物」「数論」「現象数理」「理論物理」「情報メディア」といった分野で進められます。生徒たちは、自身の興味に一番近そうな分野を選び、さらにその分野内で2～3人のチームに分かれて活動します。大学での研究室配属に近い形です。

研究テーマの設定は研究活動の中で最も重要なステップです。医サイでは「興味があるから」というだけでは研究テーマとして認められません。「社会で求められている（ニーズがある）こと」「ある程度の実現可能性が見込めること」そして、「世界の誰も答えを知らない（新規性が高い）こと」といったハードルを乗り越える必要があります。研究テーマを設定する過程は「自分のやりたいことを世の中への貢献にまで昇華させていく」過程なのです。

テーマが決まれば、それぞれのチームごとに研究が進められていきます。中1・中2は

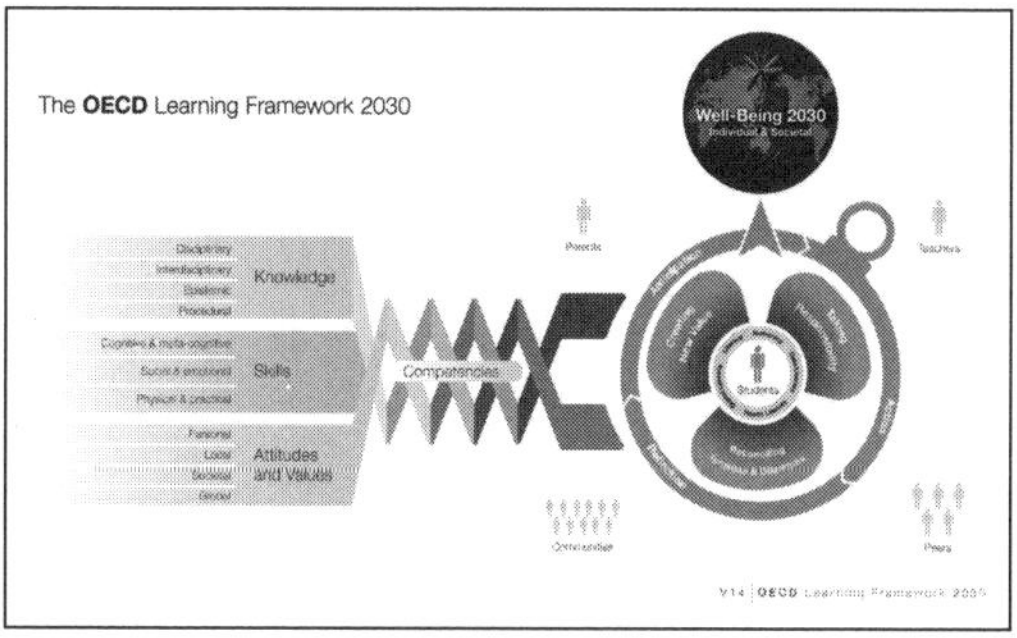

OECD. THE FUTURE OF EDUCATION AND SKILLS.
Education 2030

週1コマ、中3・高1は週2コマの「理数研究」と名付けられた授業があります。しかし、授業内だけで研究が完結することはほとんどありません。生徒たちは、始業前の朝の時間、昼休み、放課後などを利用して主体的に研究へ取り組んでいます。

また、生徒も教員も「研究成果を世の中へ報告し、社会に還元するまでが研究である」との共通認識をもっています。生徒たちは（自分が理解するだけでなく）他の人が納得できる形で成果を発表したいと思い、そのために必要なデータを得るための実験計画を立てようと工夫し続けています。

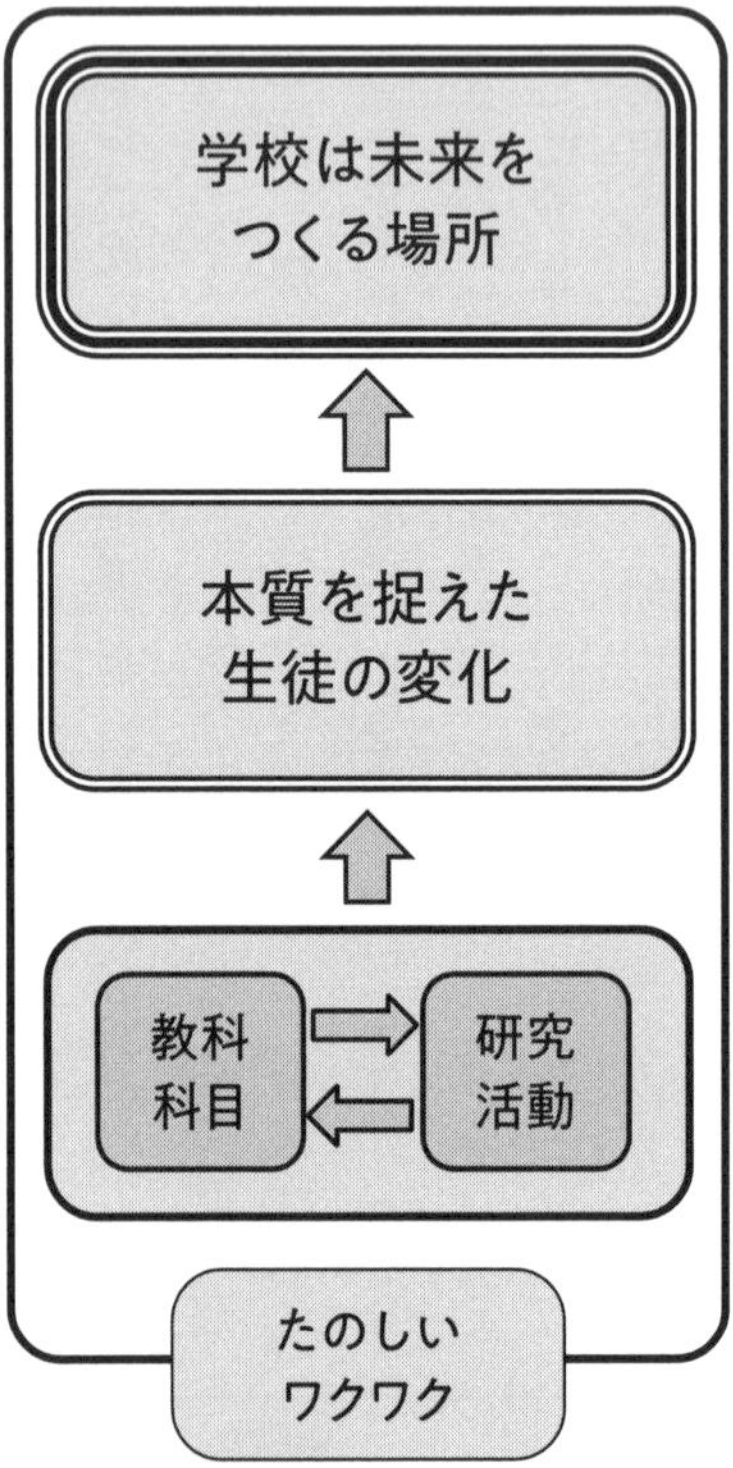

生徒たちが自身の研究について楽しそうに語っているのを聞く度に「今まさにここで、Well-Beingな未来が始まっているのだ」とワクワクします。

本質を捉えた生徒の変化

生徒の学びにとって研究活動は大きな意味をもちます。研究活動の特性がマインドセットチェンジを促し、生徒たちは教員の想像をはるかに超えていきます。

研究活動で生徒たちに求めることは、「世界の誰も答えを知らないこと」をテーマとすることです。世界の誰も答えを知らないのだから、当然指導教員も答えを知りません。つまり、教員は答えを教えることができない。だから生徒たちは自分たちで考えるしかない。これが研究活動の特性のひとつです。この中で生徒たちは学びの意識を変えていきます。

問題に対する解法に習熟してからそれを再現するという学び方に慣れ親しんでいた生徒たちが、自分で考えるしかないという状況に置かれると本当に自分から考え始めます。むしろ、「自分で考えていいんだ」という思いで楽しそうに取り組みます。生徒たちが自由に考えてよい場面がこれまでどれ程あったでしょうか。研究活動ではそれが普通なのです。

ここに「すでに知られていることを伝達する」という教育活動と、世界の誰も答えを知らないことをテーマとする研究活動の本質的な違いがあります。研究では答えも、そこに至るアプローチも、何より問いそのものも、すべて生徒が考えるのです。生徒はそのワクワク感を原動力に研究の道を邁進していきます。また、「世界の誰も答えを知らないこと」に挑戦することで、生徒は「実際に学問に参加している」という実感を得ることになります。

学校の学びが実際の学問と地続きである実感をもっている人は多くはないでしょう。研究活動では、学術論文を読み、新規性のあるテーマに向け試行錯誤し、得られた成果を広く共有することを目指します。その営みすべてが学問への参加であり、生徒たちは本物であることを実感し、参加していることに誇りをもちます。そして、そんな学問という営みへの参加意識を得た生徒たちは、人類というスケールで自身の人生に向き合っていきます。

さらに、研究活動を通じて「学びには終わりがない」ということを学びます。何かが明らかになれば更なる疑問が湧く…。その繰り返しの中で、果てしない学問領域の広さに圧倒されます。普段の学習には「学習範囲」があり、生徒の多くはそれをいかに効率よく終えるかということに関心を向けていますが、研究を通じて世界の広さを知り、その枠から抜け出ていくのです。ある生徒が「勉強するとわかることも増えるけど、わからないことが増えるんですね」と言っていました。いつも生徒たちが本質に気づかせてくれます。このように、生徒は研究を通じ、日々自己を見つめ、世界への敬意を獲得していきます。

教科における探究（数学）

数学の授業というと、与えられた問題に対し先生が解法を先に示し、それを理解して練習問題に適用させることを繰り返して習熟するイメージがあるでしょう。このような授業を受けている生徒は、例えるなら、ロールプレイングゲームの先を知っている人に横からやり方を教えられながら進めているプレーヤーのような気分です。確かにクリアはできるかもしれませんが、それが果たして面白いのでしょうか？本当は、一度自分で考えさせてほしいと生徒たちは思っているはずです。でも、これまでの学習経験から「やり方を教わらなければできない」と思い込んでいるので、まずはその誤解をとく必要があります。あらゆる教育活動の場面で、生徒が考える時間を捻出することが大切です。

医サイの数学の授業は、ひとつの問題に対し別解を考えられるだけ考える「別解ワーク」、なるべく短い時間で解決する方法を探す「タイムトライアルワーク」、様々に条件を変えて実験しながら数学的な法則を探す「実験ワーク」を主軸に展開しています。それぞれ生徒が自分たちで「考える」ためのワークです。生徒たちは時間を忘れ、どんどん考えます。チャイムが鳴って休み時間になっても考え続けています。やはり生徒は考えることが大好きなのです。

また、研究活動の応用数学系分野では、渋滞のメカニズムを解析する手法を用いたエスカレーターの混雑回避や、感染症の拡散モデルを用いてSNS上でのデマ拡散をモデル化する研究など、実社会の課題に数学的なアプローチで迫る生徒もいます。生徒たちは、数理モデルを考えるために高校範囲外である微分方程式を自力で学びます。知りたいことがあれば、教科書を越えた内容も自分で学んでいくのです。学ぶ目的をもつことで、それに必要な数学的な知識を学びたくなるという好循環が生まれています。

純粋数学系分野のチームもあります。完全数などの整数の研究や、あみだくじなど〝並べ替え〟を数学の対象と捉えた対称群の研究を行っています。社会の課題を解決するのに十分に数学が揃っているとは限らないため、数学自体を発展させる必要性もあります。そのため、このチームは数学そのものを発展させることを目的としています。

このように、生徒が数学を学びたくなるフックはたくさんあります。学びたくなりさえすれば後は生徒が自走していくでしょう。私たちはそれを信じているのです。

探究から教科へ（生物・英語・化学）

医サイの生徒に「医サイが一番大切にしていることは?」と問いかけると、キャッピキャピの笑顔で「楽しむこと！」と答えてくれます。教員に同じ問いを投げかけると、キラッキラの笑顔で「『楽しい』が一番大切ですね！」との回答が返ってきます。医サイのカリキュラムはすべて、「楽しい」を前提につくられており、その中核を担うのが研究活動です。研究活動を進めるうちに、普段の授業を受けるのが楽しみになるし、教科・科目を超えた学びにも意欲的・主体的に取り組めるようになるのです。

たとえば、幹細胞チームで、「生物学」に興味があり、ｉＰＳ細胞を用いた研究で再生医療に貢献したいと思っている生徒がいます。この生徒はまず、世界の誰も答えを知らない研究テーマを設定するために先行研究を調べることになります。その過程で、世界で最も新しくて信憑性が高いであろう情報として、査読を通った学術論文の存在を知り、読みたくなります。ここで、学術論文はそのほとんどが英語で書かれていることを知ります。そして、「自分が知りたい情報を得るために英語を理解できるようになりたい」「自分が得た成果を世界へ共有するために英語を使いこなせるようになりたい」との思いから、英語の授業を真剣に受け始めます。さらに、研究が進めば細胞の培養が始まります。そのとき、培養液を調整するためにモル濃度を計算する必要が出てきます。モルの概念を学びたくなった生徒は、化学の授業を受けるのが楽しみになっていきます。このように、自身の好きなことを研究という手段で深く掘り下げていく過程で、学ぶ楽しさを知り、学び方を学ぶ…。そして、教科・科目を超えた他分野への興味を拡げていくのです。

　このような学びは、「経済産業省　未来の教室とEdTech研究会」における「学びのＳＴＥＡＭ化」の「ワクワクを中心にした『知る』と『創る』をぐるぐるとまわる循環型の学び」として体系化されました。先の例でいうｉＰＳ細胞を用いた研究が「創る」であり、「創る」の過程で生まれた論文を読みたいという思いが、「知る」に相当する英語の授業への意欲を高めます。「知る」の過程で培った英語力を用いて読み解いた論文からヒントを得て、「創る」の研究がさらに

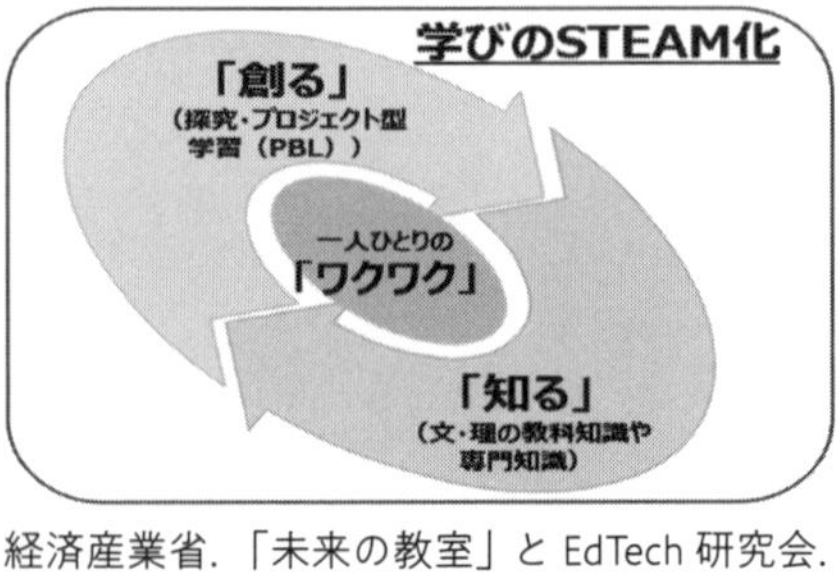

経済産業省.「未来の教室」と EdTech 研究会. 第２次提言

発展していきます。そして、この「知る」と「創る」の循環をぐるぐるとまわす原動力こそが生徒が楽しいと感じる気持ち、ワクワクなのです。

これからも、生徒の多様な興味・関心に個別最適化した、教科・科目を横断的に学べるような循環型のカリキュラムを追究していきます。そのためには私たち教員こそが、楽しいという気持ちを大切に、生徒と一緒にワクワクしながら探究的に取り組んでいくことが大切なのだと思います。生徒とともに未来をつくる場所にいられる教職という職業に尊さを感じるとともに、心からの感謝をこめて、本稿の結びとします。

ポイント！

・教員も生徒も「学校は未来をつくる場所」であるという意識を共有する。
・生徒が未来をつくる主体は自分であるという意識をもてるように、学校での学びと学問を接続し、人類レベルで考える機会を提供する。
・授業においては、生徒が考える時間をできるだけとり、自分が学んでいる実感をもてるようにする。
・ワクワクを中心に「研究」と「教科・科目」が循環するカリキュラムを探究する。

（学校全体の取組）

9 探究を推進する令和の校長像

――探究を軸にした学校づくり

香里ヌヴェール学院中学校・高等学校校長　池田靖章

探究の捉え方

不易流行。

1997年の中央教育審議会の答申の中に、こんな文章があります。

「不易とはどんなに社会が変化しようとも、時代を超えて変わらない価値のあるものであり、流行とは社会の変化に関心をもち、時代の変化とともに変えていく必要があるものだ。このような時代だからこそ目の前の事象に踊らされるのではなく、不易の教育を進めていく必要がある。」（21世紀を展望した我が国の教育の在り方について・一部改変）

25年前から、この議論は財界を含む様々な業界で行われています。もちろん教育界においても同様です。では、〝探究〟とは、不易か、流行か。

多くの人が〝探究〟を時代とともに変わるものである流行と捉え、そして消費されるものだと認識しているのも事実でしょう。いずれ時代とともに消えてなくなるかもしれない。それが、日本における〝探究〟のポジションだとも感じます。

不易流行という言葉は、松尾芭蕉が俳諧の世界の理念として掲げたことは有名ですが、「奥の細道」の中で次のように述べられています。

「不易を知らざれば基立ちがたく、流行を知らざれば風新たならず」

簡単に言うと「変わらないものを理解しないで基礎は成立しないけど、変わるものを理解しないときには進展がない」。

〝探究〟とは、まさしく数十年に渡って日本の教育界が惑い、経緯万端した結果のものです。一体、教育の何が基礎なのか、何が変化となるのか。戸惑いの25年とも言えるでしょう。その中で生み出された思考の結晶のかけらである探究的な学びは、私自身の本来の学びの概念とかなり近い存在でした。

探究的な学びの〝探究〟は、私自身、不易なものです。

常に思考すること。本質を問い直すこと。そして行動を伴うこと。これは、我々人類に与えられたご褒美であり、人類が現在もなお生物界において、頂点にいる理由でもあります。この営みなしには、人類の発展はありえないし、本来的な豊かさを理解することもままならないでしょう。学校はすなわち、本来的な豊かさを取り戻すために行動したいと考えているのです。

〝ともに生きる力〟を育成するもの

本校では、「問いを立てること、思考すること、行動すること」を〝探究〟として、この概念をもとに学校づくりに取り組んでいます。

古来、人類は言語を用いて生活し始めてからというもの、「考える」という営みを知ってしまいました。疑問が湧き出たら他者に問い、自分自身の考えというものを語り、そして相手の考えを聴きながら、様々な考えを知ってゆく。「問い、考え、語り、聴く」ことを通して、人と人が共に生きていくことを為し得ることが相成ったわけです。

ところが21世紀に入り、人類は大きな岐路に立たされました。それが1997年の中教審答申に現れています。時代を超えて変わらない価値とは何かという問いです。

産業界から教育が真っ先に変わる必要性が叫ばれました。紙面の都合上多くは記述できませんが、簡単にいうと産業界曰く「問題解決や課題解決が20世紀と比べ複雑化し、あちらこちらにわかりやすく転がっていた課題が圧倒的に減少してきた」ということです。単純な問題解決であれば、既存の情報収集能力育成の教育が一気に経済成長するには非常に効率的だったのですが、21世紀はそういかないことを産業界は理解していたのです。

課題だと感じること、疑問が湧き出ること、行動することへの価値。古来より我々人類が行ってきた哲学的な活動が必要となってきたことを今の日本が証明しています。今、我々人類がともに生きるためにしなければならないことは、「問いを立てること、思考すること、行動すること」であり、情報収集能力の育成ではないと考えています。

対話、そして本質へ

本校は、来年で１００周年を迎えます。この１００年もの歳月の中で様々な文化資本を有すことになりました。しかし、この１００年が産み出したものの大きさに慄き、日本の教育界同様、なかなか変化を理解するには至らなかった過去があります。本校の探究活動の報告は最後に記すとして、私が校長として最も大切にしていることは、管理職会議という対話の場所です。ここは、まさしく管理職の〝探究〟の場と化すのです。

ここからは少し事例をもとに紹介します。

２０２０年2月末、コロナショックによって日本の学校が一斉に休校となりました。その後もパンデミック状態は続くと思われ、これからどうするか全国の学校が悩み、そして決断を迫られました。本校も同じ状況でした。本校の２０２０年度の新学期を迎えようとする際の管理職会議の様子を紹介します。

【2020年4月オンライン授業に移行する議論】

Ａ「オンライン授業に関して議論しましょう。皆さんのお考えをお願いします」

Ｂ「本当にできるのでしょうか。先生方に負担もかかります」

Ｃ「オンラインだと授業日数にカウントされません」

Ｃ「近隣の公立高校は、課題郵送だそうです」

Ｂ「年配の先生から不安の声もあがっています」

Ｃ「授業日数にカウントされないのであれば、要録に書けません」

Ａ「難しいという見解ですか？」
Ｂ「難しいのではないでしょうか？」
Ａ「どのあたりが難しいでしょうか？」
Ｂ「教員の負担です。またオンライン会議システムに関してもうまく機能するか全くわかりません」
Ｃ「分散登校はいかがでしょうか？〇〇中学校は分散を検討しているそうです」
池「教員は何がどのくらいの負担になりますか？」
「また何が機能しなくなる可能性がありますか？」
Ｂ「オンライン用の教材研究もありますし、そのスキル獲得などにも負担がかかります。また全国的にネット負荷が高まっていて、遅延等の可能性があります」
池「なるほどです」

新学期前のオンライン授業移行に関しての議論で、今思えば何が難しかったのかわからないことも多いと思われますが、当時はまだやったこともないことだったので、こんな感じで終始議論が行われました。

①ネット環境などにより授業が中断するというリスク意識
②授業日数を確保しなければならないという教務的な意識
③教員の負担という労務管理

本校では、この3つの課題が発見され、この課題の解決に向けて走り出します。それ以外の議論も少し紹介します。以下の議論は結局、「学びとは何か」というテーマとなったように感じます。

【パンデミックでの学びの最善を議論】

A「オンライン授業と課題発送、どちらが子どもたちの〝学び〟となるでしょうか」
B「課題発送では、思考力は育ちませんね」
C「課題発送では、知識は蓄積されます」
B「オンライン授業では、問いが立てられます」
C「確かにオンライン授業では、グループワークなど活動的な学びはできます」
池「本校は、どこを目指すべきでしょうか？」

結果として、2020年の新学期から早々にオンライン授業を実施することとなりました。ここで大切なことは、単にオンライン授業に移行したのではなく、先生たちとの対話を行い、問いを立てて、みんなで思考し、行動していったことです。

大いに時間を割いた議論でしたが、振り返れば、「探究を軸にした学校」を象徴したことのように思います。実は、この対話の壁打ちこそが、本校の〝探究〟だと思っています。このように今まで、表出しなかった価値観や思考を表出させ、言葉として語らうことこそ、古来より我々人類が行ってきた探究的な学びそのものなのです。

それぞれの学校での〝探究〟の壁

2022年度の高等学校新学習指導要領に内包された〝探究〟。コロナパニックもあってか、新学習指導要領のはじまりは妙な静けさをもったままでした。始まってから1ヶ月過ぎた頃、知り合いの先生方からどうやって〝探究〟を進めればいいか悩みの相談が入ってきました。

その先生は3月に研究主任を急に任されることになって、怒涛の日々を過ごし、1ヶ月たってネタが切れ、途方に暮れたそうです。その後に連絡をくれたので、私との面談は半ベソ状態からのスタートでした。

その先生は、その学校の探究のスターみたいな方です。主任を務める前は、多くの取り組みを発表していました。その取り組みは創造的でかつ斬新なものが多かったのです。しかし、研究主任を務めることで、学校全体の〝探究〟を取りまとめることとなり、ビジョンと組織的な〝探究〟が求められるようになったわけですが、その先生は、〝探究〟を横並びに行う手法を持ち合わせていなかったのです。

これは〝探究〟という教科の特殊性にあるでしょう。その先生の取り組みは、創造的かつ斬新なもののため、他の先生はなかなかできない唯一無二の授業です。汎用性はかなり低いと言えました。だからこそ、〝探究〟の取り組み発表では際立って見えたのです。そしてこれが〝探究〟の特殊性です。なぜなら〝探究〟自体が「何を学ぶか」という制度設計ではなく、「どのように学ぶか」であるため、先生ら自身の学びの概念そのものが授業に映し出されます。これを研究主任だけが担うことは私にはほぼ不可能に近いことのように思えるのです。

そのため、研究主任としてともに進んで行ける人、一緒にやろうという人を見つけること、そして今後コーチングしていきたいことを伝え、今も継続して対話を行っています。

その先生が所属する学校は、〝探究〟そのものを毛嫌いするというか、無関心な状況にあります。不易流行の中の「流行のみ」と捉え、組織的な取り組みに発展させようとしませんでした。実は、こんな学校は日本全国にあるのではないでしょうか。探究的な学びの難しさは、この無関心にあるとさえ思います。ここにメスを入れなければ、この先生のように一生懸命に研究を行い、燃え尽きて終えてしまうのです。

〝探究〟を行う際に最も大切なことは、汎用的な授業案をつくることではなく、「どのように学ぶのか」を授業者全員と共有するところにあります。そこには、意思があり、多様であるため、もちろん容易なことではありません。ただ、これをしないと〝探究〟が「流行のみ」のものとなり、結果として流行として消費されていくのでしょう。

本書には、たくさんの事例が載せられています。その一つひとつに実践者の思いが詰まっているはずです。しかし、そこに到る過程の中に、膨大な時間をかけた探究的な営みが必ずあるのを忘れてはいけません。

本校の探究
網走市ジュニア観光大使プロジェクト

２０２１年夏、私は網走市長とお会いしました。そこで、コロナによって観光産業や水産業、あらゆる市の産業がダメージを受けている話をさせていただきました。大阪に帰って、ある生徒に話すと、「それは僕らが行かないといけませんね！」といい、笑いながらその会話を終えました。

２０２２年に入って、その生徒から「網走市に行くプロジェクトはいつやりますか?」と問われ、とっさに「夏！」と答えてしまいました。これはやらなければならないな。

それから網走市や市の観光協会と連絡を取り合い、そのプロジェクトを進めることで合意しました。２０２１年夏に航空会社 Peach が網走市に近い女満別空港と関西空港の路線を就航させたこともあって、Peach にも関わってもらいながら、またオホーツクにキャンパスを持つ東京農業大学との本校の高大接続関係というつながりも活用しながら、大阪の高校生によるジュニア観光大使プロジェクトを始めました。

このプロジェクトのテーマは、「地方創生」です。我々都市部にいる者が、地方をどう捉えて行くか、また地方がどんな状態にあるのか、その目で見て、問いをたて、対話しながらその立てた課題に対して高校生なりの行動を表現することが目的です。生徒たちは大きく分けて、「海資源」「環境保全」「商品開発」の3つのチームを構成し、網走市を深掘りしていくことにしました。

このプロジェクトで大切にしたのは、多様性です。こういう取り組みは、学校内で完結してしまいがちですが、今回は、本校とは別にもうひとつの高校にもお声かけし、参画してもらうことができました。本校生、他校生混ぜこぜで約50名の参加。この約50名が網走市を舞台に、フィールドワーク調査、インタビューなどを行い、網走市の現状理解、そして課題発見を行っていきます。すると様々な課題を発見することができました。また自分たちのアイデアでその課題を解決させるためにたくさんの対話を行いました。〝探究〟の魅力は、対話を基にして、今まで考えもしなかったことが生まれるところです。そしてそれは、文化圏の違う人（今回は他校）と行うことでより違いが鮮明となるのです。

最終成果発表会には、網走市長の他、Peach CEO、東京農業大学教授など様々な分野で活躍される人たちをお招きしました。その方々は、その道のプロフェッショナルです。単なるプレゼン発表会ではなく、そこに関わる本物の人たちが本気でその取り組みを評価する場面に直面することで、生徒たちの探究心、好奇心は最高潮に達するのです。

「このプロジェクトから生徒たちは何を学ぶのか」。ぜひ皆さんで分析してほしいと思います。

様々な学びがある中で私からは一つだけお伝えしたいことがあります。それは、〝探究〟が自分の未来展望をもつことにつながるということ。様々な学びがある中で、〝探究〟という教科は、自己のキャリア形成に大きく影響します。高校生という未来を真剣に考える必要が半強制的に出てくる頃に自身のキャリアを考えることは、まさしく1997年の中教審答申の中に書かれた通りのことだろうと思います。25年もの間、私たちは彷徨い続けてきました。生徒の格段の成長を見ると、この学びが不易であることを私は知っています。

令和時代の校長像とは？

最後に、令和時代の校長とはどのようなものでしょうか。つまるところ、私は芭蕉の「不易流行」に行き着くと考えます。

「不易を知らざれば基立ちがたく、流行を知らざれば風新たならず」

私の考える〝変わらないもの〟とは、「人間は学び続けるという行為に喜びがあるということ」であり、ひいてはそれが人類の発展につながるということです。

そして〝変わるもの〟としては、「人々の生活様式と経済的価値」でしょう。

「学び続けることの喜び」に普遍性を見出すのは、ソクラテス、孔子の時代、そして令和も同じなのです。

学び続けることが人類の営みだということを理解しながら現代の諸問題に向き合うことこそ校長の役割であり、この軸をしっかりと学校経営に反映させることが21世紀を生きる子どもたちの未来を創ることにつながると信じて疑いません。

それが、〝探究〟の正体なのです。

10 中学校におけるPBL

――「学ぶ意義」を「社会」との接点から捉える

（中学校・総合的な学習の時間）
京都府宇治市立広野中学校　菊井雅志

施策としてのPBL、現場にとってのPBL

中学校での平成29年公示学習指導要領に基づく教育活動は、高等学校より早く令和３年度より完全実施になっています。各教科では、これまで四観点で評価していたものが三観点に整理されるとともに、単元やまとまりを通した評価の仕方が必要になってきています。私自身はちょうどその過渡期に行政にいたこともあり、新しい学習指導要領に対応した施策に携わる機会に恵まれました。

学習指導要領の改訂に合わせて、そもそも「学力」をどのように捉えれば良いのかについて、教育委員会事務局内でも、私たちのような教育職と、教育行政の立場から学校教育を支えている行政職が立場を超えて膝を突き合わせて議論を交わしました。その中で、学力テストに代表される「学んだ力（認知能力）」としての「学力」だけでなく、学び方や学ぶ意欲といった「学ぶ力（非認知能力）」も含めて「学力」と捉え、今まで以上に一体的に育んでいくことを意識していくことが必要であるということが確認されました。

そのような学力を児童・生徒に育んでいくための具体策の一つとして、企業・大学が抱えている課題の解決策を中学生が提案するというＰＢＬ（課題解決型学習）施策は考えられました。

こうしたことから、この施策は、課題解決を通して人とつながり、社会に貢献することを体感する場としての企業・大学と連携したＰＢＬである

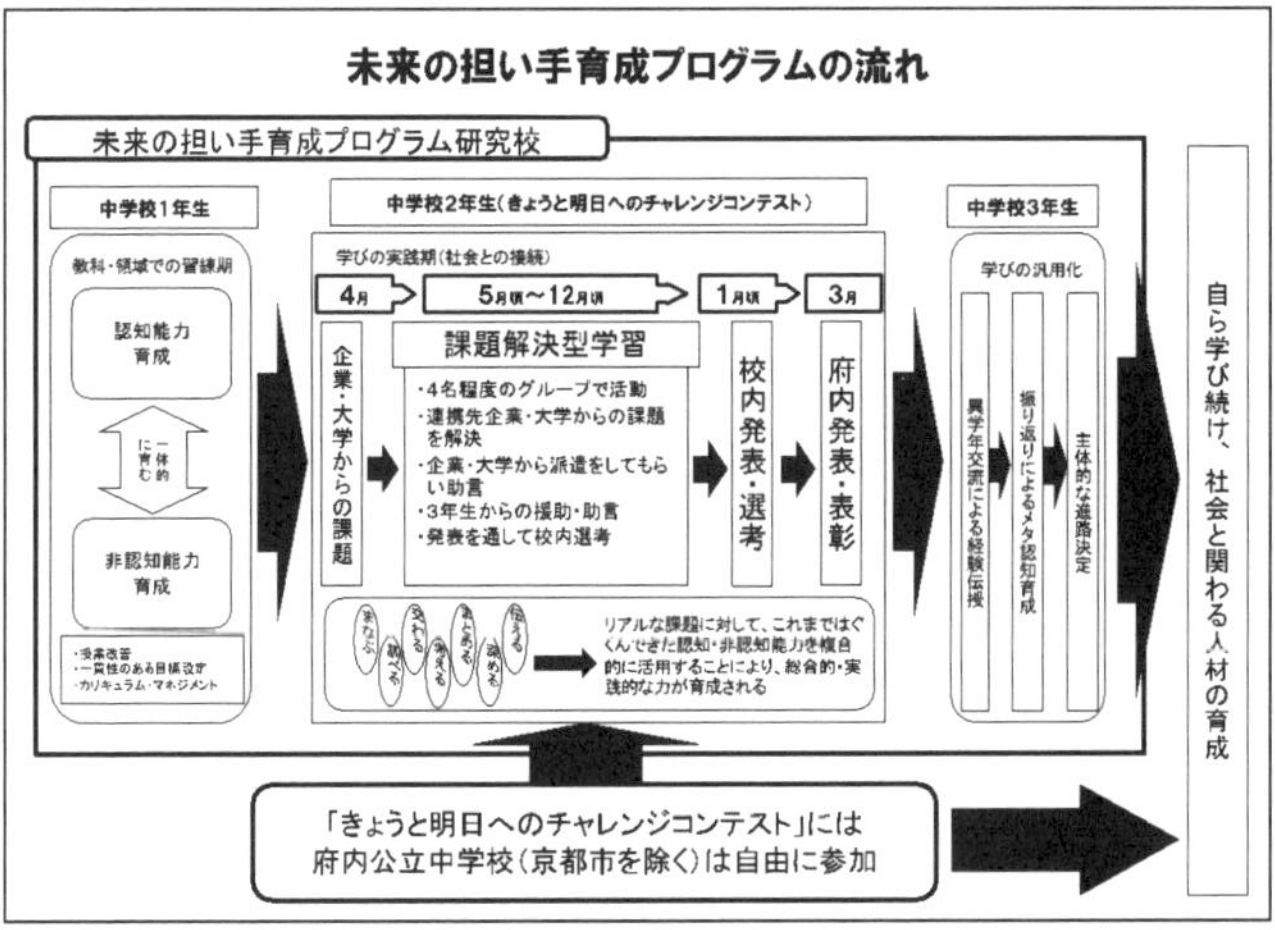

・4名程度のグループで活動

・企業・大学から派遣をしてもらい助言
・3年生からの援助・助言
・発表を通して校内選考
校内発表・選考
府内発表・表彰
リアルな課題に対して、これまではぐくんできた認知・非認知能力を複合的に活用することにより、総合的・実践的な力が育成される
中学校3年生
学びの汎用化

府内公立中学校（京都市を除く）は自由に参加

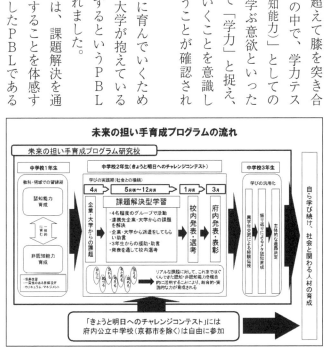

中学校1年生

学びの実践期（社会との接続）

というだけでなく、学校での学びが生徒の将来につながるということから学びの意義を認識し、学力の向上につなげるという、学力向上のための施策としての位置付けになります。このことは、企業・大学との連携がキャリア教育の枠組みの中で展開されることが一般的ななか、予算項目で「新しい学び総合推進事業」に位置付けられていることからもおわかりいただけるかと思います。

「未来の担い手育成プログラム」の概要

このプログラムは令和元年度～3年度の3年間、5校を研究指定校としています（現在は2期目に入っています）。3年間を通してPBLの手法を活用した取組を行い、「自ら学び続け、社会と関わる人材の育成」を目指します。ですので、3年間を通した様々な角度からのア

連携企業・大学	課　題
株式会社　丹後王国ブルワリー	丹後地方の特徴を生かした地域活性策も含めて、多くの人が訪れるための方法とは
グンゼ株式会社	10年後の時代に合った「ここちよい」インナーウェアを創造してください
株式会社　美濃吉	新しい和食の在り方を創造して、和食文化を広めてください
国立大学法人京都大学iPS細胞研究所	誰もが安心してiPS細胞を用いた治療を受けられるようになるためには、どのようなことが必要でしょう
株式会社　祇園辻利	世界中に日本茶を普及させるにはどうすればよいでしょう

連携企業・大学と課題

プローチが必要です。その取組の中でも大きな柱になるのが2年生の総合的な学習の時間を中心として行う企業・大学と連携したＰＢＬです。総合的な学習の時間を中心に20時間程度を使って企業・大学からの課題を解決するＰＢＬを行います。令和元年度、３年度（令和２年度については新型コロナウィルス感染症感染拡大につき中止）に示された課題は前頁の通りです。

どの企業・大学からの課題も単に商品やサービスを開発・提案することを求めているのではなく、各企業・大学が考えている理念や社会的使命に基づいたものであり、その具現化、具体化のためにどうするか、という課題について生徒たち自身が考えて進めていくという構造になっています。こうすることによって、生徒の自由な発想を阻害せずに広げられるのと同時に、その発想を具現化するためにするべきことが多くあることに気づき、その点を課題として解決策を見出していくというＰＢＬ本来の「課題を発見する力」を引き出すことができると考えました。

この５つの企業・大学からの課題は研究指定校のみに向けたものではなく、府内の中学校（京都市立は除く）には広く公開されています。これらの課題に取り組んだ学校は、「きょうと明日へのチャレンジコンテスト」としたコンテストで成果を発表することができるようになっており、出題をした企業・大学を含めた有識者からのコメント等の評価も含め、生徒の取組発表の場も確保されています。

生徒の「学びに向かう力」を伸ばす

中学校でのPBLについては、（どのレベルからをPBLと言うかは別として）アクティブラーニングとその後言われるようになった、いわゆる「主体的・対話的で深い学び」という学習指導要領の主旨に沿って、各教科を中心に展開されてきたと言えるでしょう。ただ、各教科の学習内容が学問の基礎的内容になっているという側面や、生徒の発達段階を見極める必要もあるため、課題そのものの設定や回答として生徒に求める解決策の質の設定は難しいものがありますし、現実的には調べ学習との違いが明確でないものや、知識のある子なら解答できるような課題が設定されている場合も見受けられます。

PBLの手法は必ずしも、私たち教員が児童、生徒、学生として授業を受けてきた中で経験してきたものではありません。ましてや教科の授業で社会との接点に主眼を置いた課題を提示し、その課題の解決策を検討するなど想定さえしていなかったのではないでしょうか。

このような、教員が経験したことのない授業方法や内容を実施していくことを求められているということは、まさに教員が「生徒の力をどう引き出すか」というPBLに取り組んでいく必要があるということに他なりません。「引き出す」という視点から捉えた場合、それぞれの生徒の興味関心も含めて多岐に渡る角度から時間をかけてアプローチしていくことが肝要です。ですから、企業・大学等と連携したPBLは単独で実施することで効果が上がるものではなく、そのPBLをコアとして取組の前後も含めた一貫した方向性が必要です。

生徒の「学びに向かう力」を引き出す

研究指定校5校とコンテストに参加した学校では、生徒の状況に応じて様々な工夫を行なっています。ある学校では、与えられた課題に対して指導する側の教員集団自身が課題の解決法だけでなく課題そのものに必要な知識や理論についても「わからない」と伝えることからスタートしようと決めました。教員は生徒の学習内容に対しての「転ばぬ先の杖」的な準備ではなく、生徒の学習を追いかける形で確認と修正を行いました。生徒は自分たちで調べ学習を進め、校内で他の生徒や教員へ課題解決のためのアンケート調査を行ったりしています。

ある班の生徒たちは、一般の人々の意識を調査するために、休日にターミナル駅に行き、道ゆく人にインタビュー調査を行いました。この調査は生徒たちの自発的な活動として行われたので、教員はその事実を後日知りました。その学校では、生徒主導で行う行事が多くあり、その中で自分達の力を信じることや、わからない時にどう対処するかということが涵養されており、生徒の自主的、自律的な行動につながったと考えられます。

現在の私の勤務校では当該の学年団が「思いやり」を中心に「仲間意識」「チームワーク」を重視した学年運営を行なっています。自地域ではない地域活性策を検討するＰＢＬに取り組み、校外学習で現地の視察と調査を行いました。

小学校からの地域学習では、自分達の住んでいる地域そのものや抱えている課題について学習をしてきています。あえて自地域とは違う地域の活性策を考えることで、「外から見た地域」という視点や、「自分ごととして捉える」という視点をもてるようになるという目標がありました。

この取り組みと並行して、高知県の中学校との交流も行いました。先方の学校の取組である修学旅行誘致のプレゼンをウェビナーで行った際に、プレゼンを聞く態度は当然のこと、質問の多さやウェビナーではなく実際の交流がしたいといった事後の反応など、生徒が大きく変化をする様子が見られました。

中学校におけるＰＢＬの役割

高校生に比べ発達段階においても、知識や経験という部分においても発展途上にある中学生がＰＢＬに取り組む。大切なことは、ＰＢＬの手法そのものを自分のものにすること自体もさることながら、考えることや答えのない問いに取り組むことの面白さ、また、考えた解決策が評価され、社会を変えていくことができるかもしれないと感じていくことに価値があると考えています。このようなマインドを引き出すためには、教員の適切な関わり方が不可欠であることは言うまでもありません。

グループごとの完成度はバラバラです。調べ学習の域を出ないグループや、一般的な言説をなぞっているものから、解決法の根拠や経費といった実現可能性に言及したものまであり、高校生の発表と比べても遜色ないものもあります。ＰＢＬの役割を学び続けるというマインドを引き出すことだと考えた場合、大切なのは生徒の解決策の質そのものではなく、生徒たちが自己のできる限りのことを動員して解決を図るということに尽きます。

昨今の社会情勢の変化に伴う教育への期待も含めて、今日の学校教育は全体としても、企業・大学と連携したＰＢＬといった個別の取組についても、教員がこれまで経験してこなかった手法や方法を用いることが出てきます。ですので、生徒の解決策の質について、すぐに基準や程度の目算をつけることはできません。しかし、生徒の学びを引き出している学校に共通していることは、教員が悩みながらも楽しんでＰＢＬのマインドをもって取り組みを実施、改善することを続けていることです。

生徒たちが社会に出た時を想定した場合、科学技術の進歩だけでなく、それに伴う社会構造の変化も相まって、今まで以上にその時々で発生する課題に対処していく必要性が高くなっていくと考えられます。そのような状況に対処できる資質・能力の育成を目指した場合、課題を解決すること、その課題には正解が一つではなく「最適解」を模索していくために深く、かつ多角的・多面的に考えていく必要があるといったことを感覚的に捉えられるようにしていく必要があるでしょう。そのためには、中学校や小学校の段階から、Ｐ

ＢＬの手法などを活用した学びの場を提供することは有効ではないでしょうか。

本書をお読みの方々は、高等学校で教鞭をとられている方が多いかと思います。中学校や小学校では、普段の教科授業の中で、めあてや課題の提示、まとめや振り返りなどの改善が進んでいます。中学校との連携の中で是非、話題にしていただくとともに、高等学校での探究の取組の内容や成果をお伝えいただければと思います。そうすることで、中学校が取り組んでいるＰＢＬの手法をより深化させ、その中で学んだ生徒が高等学校でさらに充実した探究活動を展開できるようになるでしょう。

ポイント！

・生徒が知っている企業・大学から課題を提示していただくことは、中学生のモチベーションにつながる。
・普段の授業や行事での探求活動を充実させていくことが生徒のマインドを涵養する。
・教員がゴール設定をするのではなく、個々の生徒の実情や状況に合わせて伸ばせる部分を伸ばす視点が必要。
・教員がＰＢＬのマインドをもって取り組んでいる学校は生徒の変容を体感しやすい。

おわりに

「すべての終わりは、新たな始まりである」と言いますが、執筆を終え改めて、これは終わりではなく、これから何かが始まっていくという思いをもっています。

　ここまで読まれたみなさんは第1章と第2章の理論が第3章の実践で具体化されていることに気づいたのではないでしょうか。執筆内容の詳細を打ち合わせたわけではないのにこうなったということは、おそらく探究している先生に共通するマインドがあることを示しているように感じています。そして、「自らが探究していれば、どこかに仲間が必ずいる」とも言えます。本書を通して最も伝えたかったのはこの点かもしれません。

　この本を読まれたみなさんはともに実践を進める仲間です。大事なのは一人の100歩より、100人の一歩です。WHYを大切に、よりよい教育を探究していきましょう。

　最後になりましたが、明治図書ならびに編集担当の新井皓士様には、本書の企画から刊行まで多大なご支援をいただきました。ここに記して感謝申し上げます。

　2022年12月　執筆者を代表して

酒井淳平

【執筆者一覧】（執筆順）

酒井　淳平（立命館宇治中学校・高等学校）

鈴木　紗季（岩手県立大槌高等学校）

菅野　祐太（岩手県大槌町 教育専門官）

植野恵理奈（大阪高等学校）

恩田　　徹（大阪高等学校（元堀川高校校長））

藤村　祐子（東京学芸大学）

田中　愛子（大阪府立東高等学校）

稲垣　桃子（立命館宇治中学校・高等学校）

佐々木遥子（宮城県立仙台第三高等学校）

木村　健太（広尾学園中学校高等学校）

堀内　陽介（広尾学園中学校高等学校）

池田　靖章（香里ヌヴェール学院中学校・高等学校校長）

菊井　雅志（京都府宇治市立広野中学校）

【著者紹介】

酒井　淳平（さかい　じゅんぺい）

立命館宇治中学校・高等学校 数学科教諭。
文部科学省国立教育政策研究所「『指導と評価の一体化』のための学習評価に関する参考資料　高等学校特別活動」評価規準，評価方法等の工夫改善に関する調査研究協力者。
著書に『高等学校　新学習指導要領　数学の授業づくり』（明治図書）、共著書に『平成30年版　学習指導要領改訂のポイント　高等学校　数学』『平成29年版　中学校新学習指導要領の展開　特別活動編』『アクティブ・ラーニングを位置づけた高校数学の授業プラン』（いずれも明治図書）など。

探究的な学びデザイン
高等学校　総合的な探究の時間から教科横断まで

2023年２月初版第１刷刊　©著　者　酒　井　淳　平
2024年１月初版第４刷刊　発行者　藤　原　光　政
発行所　明治図書出版株式会社
http://www.meijitosho.co.jp
（企画・校正）新井皓士
〒114-0023　東京都北区滝野川7-46-1
振替00160-5-151318　電話03(5907)6701
ご注文窓口　電話03(5907)6668

＊検印省略　組版所　日本ハイコム株式会社

Printed in Japan　ISBN978-4-18-125124-6